Schöne Aussichten

Hansjörg Küster

Schöne Aussichten

Kleine Geschichte der Landschaft

Verlag C. H. Beck

Mit 7 Abbildungen

© Verlag C. H. Beck oHG, München 2009
Gesetzt aus der Trump Mediaeval und der The Sans
durch Photosatz Amann, Aichstetten
Druck und Bindung: Pustet, Regensburg
Umschlaggestaltung: Konstanze Berner, München
Umschlagabbildung: Louis Gauffier (1761–1806),
Aussicht von Vallombrosa bei Florenz (Ausschnitt).
Musée Marmottan, Paris; Photo: The Bridgeman Art Library
Printed in Germany
ISBN 978 3 406 58570 8

www.beck.de

1

Was ist Landschaft?

Francesco Petrarca auf dem Mont Ventoux

Im April 1336 bestieg der Dichter Francesco Petrarca den Mont Ventoux, den «windigen Berg», in den französischen Südwestalpen. Petrarcas Schilderung des Unterfangens gilt als die älteste Darstellung von Landschaft in der Literatur. Wer wie der Dichter diesen einzigartigen Berg bestiegen hat, kann sich vorstellen, warum man gerade an diesem Ort begreift, was Landschaft ist: Der Blick geht weit über Berge und Hügel, felsige Grate und waldige Höhen, man erblickt heute – genauso wie damals Petrarca – die Rhone und die Küste des Mittelmeers. Man hat den Eindruck, die gesamte Provence unter sich liegen zu haben.

Der Dichter schrieb, dass der Mont Ventoux seit seiner Kindheit ein Ziel der Sehnsucht gewesen sei. Vielleicht wäre das nicht so gewesen, wenn Petrarca an seinem damaligen Wohnort Avignon auch geboren worden wäre. Er stammte aber aus Arezzo in Italien und war als sechs- oder siebenjähriger Junge nach Südfrankreich gekommen, an den Ort, an dem damals die Päpste in «Babylonischer Gefangenschaft» fern von Rom residierten. Petrarca musste dort bereits als Kind eine zweite Heimat gewinnen: Er erschloss sie sich mit seinem Intellekt, er wollte sie erkunden und verstehen.

Eine Bergtour hielt er für nichts Ungewöhnliches. Man habe so etwas auch schon in der Antike unternommen, schrieb er. Philipp von Macedonien habe den Berg Hämus in Thessalien bestiegen, weil man von dort aus sowohl das Adriatische als auch das Schwarze Meer erblicken könne. Dass tatsächlich beide Meere von dort aus sichtbar seien, sei aber eine Fabel, die einige glaubten, andere nicht. Damit wird ein wesentlicher Unterschied zwischen den Bergbesteigungen des Philipp und des Petrarca deutlich: Was der antike Mensch Philipp vielleicht sah, gehört in das Reich der Fabel, was Petrarca als Mensch der Renaissance erblickte, kann man «authentisch» nennen: Er war davon überzeugt, dass das schmale Silberband in der Ferne, das man vom Gipfel des Mont Ventoux aus erkennen konnte, die Rhone war. Von ihr hatte er zuvor ein ganz anderes Bild gewonnen: das des breiten Stromes, der durch Avignon floss. Eine Abstraktion, sein Intellekt, leitete ihn, den ihm von

dort bekannten Fluss und das schmale Flussband, das vom Mont Ventoux aus sichtbar war, für denselben Gegenstand anzusehen. Petrarca verwies darauf, dass er keineswegs der Erste war, der den Gipfel des Mont Ventoux erreichte. Beim Aufstieg trafen er und sein Bruder, der ihn begleitete, einen alten Hirten, der die beiden Wanderer vor ihrem Unternehmen warnte. In seiner Jugend sei er selbst auf dem Gipfel des Berges gewesen, meinte der Alte, der Weg sei mühsam, und er habe nichts von dort nach Hause gebracht als Schrammen und zerrissene Kleidung. Was dieser Hirte wohl vom Bergesgipfel aus gesehen hatte? Sicherlich hatte er seine Augen auf einige topographische Punkte, auf Bergrücken und Gewässerstreifen, gerichtet. Doch das war nicht die Landschaft, die Petrarca wahrnahm: Der Dichter erblickte nämlich nicht nur Erscheinungen der Natur, die Berge und Täler, Fluss und Meer, sondern er deutete die Vielfalt der Formen, und er stellte Zusammenhänge zu dem her, was er schon zuvor gesehen hatte. Es wurde ihm deutlich, wie göttliche Erkenntnis zu erreichen sei, als er auf dem Gipfel des Berges die *Confessiones* des Augustinus zur Hand nahm. Darin las er: «Und es gehen die Menschen, zu bestaunen die Gipfel der Berge und die ungeheuren Fluten des Meeres und die weit dahinfließenden Ströme und den Saum des Ozeans und die Kreisbahnen der Gestirne, und haben nicht acht ihrer selbst.»
Vielleicht hatten Philipp von Macedonien und der alte Hirte die Erscheinungen der Natur bestaunt, aber sie hatten sich dazu nicht geäußert. Wir wissen nicht, ob sie sich dabei ihrer selbst bewusst geworden waren, sich also als Individuen in Beziehung zu dem Erblickten gesetzt hatten. Augustinus mahnte die Menschen, nicht nur das oberflächliche Abbild einer immer schon bestehenden göttlichen Ordnung der Natur wahrzunehmen, sondern zu einer tieferen Erkenntnis zu gelangen. Diese Mahnung ist eine Essenz des Höhlengleichnisses, eines zentralen Gedankens der platonischen Philosophie, die für Augustinus prägend war: Danach halten die Menschen Begriffe, die Schattenbildern auf der Wand einer abstrakten Höhle entsprechen, anstelle der Realien für wahr und wirklich, von denen sie abgeleitet sind. Die Abbilder der Berge und Gewässer, die sowohl der Hirte als auch Petrarca auf dem Gipfel des Mont Ventoux sehen konnten, sind den Schatten im platonischen Höhlengleichnis vergleichbar. Sie stammten von der Rhone und vom Mittelmeer, von Felsgraten und Waldhügeln, die man aufsuchen und be-

nennen konnte. Der Bergsteiger fand sie unter sich ausgebreitet, sie waren aber für ihn momentan zu weit entfernt, um ihren Charakter genau zu erfassen: Vom Gipfel des Berges aus erkannte man weder das Wasser noch die Wellen, weder die einzelnen Bäume in den Wäldern noch die funkelnden Mineralien in den Felswänden. Erst wenn man die Abbilder dieser Dinge, die natürlich bedingt oder vom Menschen gestaltet oder Metaphern sein konnten, zu einem Ganzen zusammenführte, gelangte man zum Erkennen einer Landschaft. Petrarca tat nicht das Gleiche wie die Menschen in der Antike; sein Erkenntnisprozess fand zum ersten Mal statt. Denn der Dichter erblickte Belebtes und Unbelebtes, die Natur und das Menschenwerk, und er war vielleicht der Erste, der darüber nachdachte und es beschrieb. Daher kann man sagen, dass mit der Besteigung des Mont Ventoux durch Petrarca das Nachdenken über den Begriff «Landschaft» begonnen hat.

Der «Totaleindruck einer Gegend»

Künstler, Wissenschaftler, Architekten und Laien verstehen – so der sich immer wieder bestätigende Eindruck – unter dem Begriff Landschaft Unterschiedliches. Doch man kann sich darauf einigen, mit Landschaft das zu bezeichnen, was Petrarcas Erkenntnisprozess auslöste: Alles, was der Mensch in seiner Umgebung wahrnimmt und was er in einen Zusammenhang stellt, ist Landschaft. Ihre Elemente sind Berge und Meere, Seen und Flüsse, Tiere und Pflanzen, Gebäude und Ackerland, Städte und Dörfer, Wege und Straßen. Zu dieser Landschaft gehört Sichtbares wie Unsichtbares, das man im Geiste hinzufügt, also einzelne Mineralkristalle oder Wassertropfen. Landschaft besteht nicht nur auf der Erde, sondern auch auf dem Mond, als Mondlandschaft, es gibt sie nicht nur auf dem Land, sondern auch in der Stadt – als Stadtlandschaft. Landschaften kann es sogar in geschlossenen Räumen geben: Man spricht von einer Wohnlandschaft, zu der Möbel, Teppiche, Gardinen und Kübelpflanzen gehören. Allerdings ist ein Sammelsurium aus einzelnen belebten und unbelebten Dingen noch nicht Landschaft; wichtig sind die Bilder oder Metaphern, die sich die Menschen davon machen, die Stimmungen, die dabei angeregt werden, sowie die Reflexionen und Interpretationen der Betrachter über das Gesehene, bei denen man gedankliche Beziehungen unter den wahrgenommenen Dingen herstellt. Man empfängt den «Totaleindruck einer Gegend» im Sinne Alexander von Humboldts: Alles Belebte und Unbelebte wird in Zusammenhänge gestellt, wenn Landschaft betrachtet wird. Das Erkennen der Zusammenhänge der Landschaft kann sehr lange dauern, ein Leben lang, Impulse dafür können auch als Traditionen von Generation zu Generation weitergereicht werden. Immer wieder werden neue Zusammenhänge der Landschaft deutlich. Moderne Wissenschaft wird dem nicht immer gerecht. Die Analyse des Speziellen steht oft im Vordergrund, Synthese von Resultaten, auch aus mehreren, weit auseinanderliegenden Disziplinen wird selten geleistet. Die Zusammenhänge, die in Landschaft generell wie in einzelnen speziellen Landschaften bestehen, werden nur selten betrachtet.

Villa mit Aussicht

Kurz nach Petrarcas Bergtour beschrieb auch Giovanni Boccaccio, sein etwas jüngerer Zeitgenosse, eine Landschaft: In seinem berühmten Roman *Decamerone* kehrt eine Gruppe von jungen Florentinern der Stadt, in der die Pest wütet, den Rücken: «Sie verließen die Stadt, waren aber noch nicht mehr als zwei kurze Meilen weit von ihr entfernt, als sie schon an dem Orte anlangten, den sie fürs Erste verabredet hatten. Dieser Landsitz lag auf einem Hügel, nach allen Richtungen ein wenig von unseren Landstraßen entfernt, und war mit mancherlei Bäumen und Sträuchern bewachsen, alle grünbelaubt und lieblich anzusehen. Auf dem Gipfel dieser Anhöhe stand ein Palast mit einem schönen und großen Hofraum in der Mitte, reich an offenen Gängen, Sälen und Zimmern, die, sowohl insgesamt als jedes für sich betrachtet, ausnehmend schön und durch den Schmuck heiterer Malereien ansehnlich waren. Rings umher lagen Wiesen und reizende Gärten mit Brunnen voll kühlem Wasser und Gewölben, die reich an köstlichen Weinen waren, so dass sie eher für erfahrene Trinker als für mäßige, sittsame Mädchen geeignet schienen.»
Ebenso wie vom Gipfel des Mont Ventoux erblickte man von der Villa auf dem Hügel aus eine Landschaft unter sich. Die Szenerie lässt sich mit derjenigen in der Umgebung der Villa von Plinius dem Jüngeren

vergleichen, die der antike Schriftsteller in der Zeit um 100 n. Chr. beschrieben hat. Auch Plinius besaß eine Villa mit Aussicht, am Abhang eines Hügels gelegen, und von dort aus konnte man sowohl auf den Garten mit kunstvoll geschnittenem Buchsbaum und Zypressen blicken als auch auf die Bergzüge des fernen Apennin. Boccaccio und die Villa, die er beschrieb, hatten also antike Vorbilder. In antiker Zeit wie im späten Mittelalter wurden landwirtschaftliche Güter in der Nähe der Villen angelegt. Vor allem die Villa des 14. Jahrhunderts, die man noch als Bauernhof bezeichnen kann, wurde ein Vorläufer für größere schlossartige Anlagen, die zuerst in Italien, in späterer Zeit auch andernorts entstanden. Bei der Villa des *Decamerone* wurde das Brunnenwasser noch zur Bewässerung von Wiesen und Gärten verwendet, später leitete man es in prachtvolle Brunnenanlagen. Die Nutzgärten des Mittelalters wurden in der frühen Neuzeit gewissermaßen Vorbilder für Lustgärten, die man später als Italienische Gärten bezeichnete. Auch im Italienischen Garten geht es um das Erleben von Landschaft und schönen Bäumen. Sie werden als Erscheinungen von Natur aufgefasst, auch wenn sie in Reih und Glied gepflanzt wurden. Es geht um Gestaltung und um Metaphern, die mit der Anlage des Gartens verbunden waren.

Zu einem Italienischen Garten gehört nicht nur die eingezäunte Fläche, sondern auch die Aussicht über die Gartenmauer hinweg. In größeren und aufwändigeren Anlagen konnte der Aussichtspunkt auch entfernt vom Wohnhaus errichtet werden: das für Italienische Gärten besonders typische Belvedere. Es ähnelt einem Balkon und liegt oft an einem terrassierten Abhang, von dem aus man sowohl den Garten als auch seine Umgebung weithin überblickt, und zwar als Einheit einer Landschaft. Eine solche Anlage war wichtig für Menschen, die sich als Individuen empfanden. Sie konnten vom Belvedere aus weit in das Umland sehen, aber es war außerordentlich schwer oder gar unmöglich, von außen in ihren privaten Besitz hineinzublicken.

Vom Belvedere aus schaut man weit über den Rand des Besitzes hinweg; Mauer oder Zaun als Begrenzungen des Gartens sind geschickt hinter Baumgruppen und Gebüsch versteckt. Der Zusammenhang einer unbegrenzten Landschaft erschließt sich von einem solchen Punkt aus, und als Betrachter hat man den Eindruck, in ihrer Mitte zu stehen. Der Garten ist dann der Mittelpunkt der Landschaft. Während er eine Mauer hat, ist die Landschaft nicht klar begrenzt. Der Garten ist ein Teil der

Landschaft. Und das gilt auch für andere Gärten; sie sind in Landschaften eingebettet, stehen mit ihnen im Zusammenhang. Garten und Landschaft gehen fließend ineinander über, sie sind keine Gegensätze. Das erste Belvedere, von dem aus dieser Eindruck möglich wurde, errichtete Donato Bramante in der Zeit um 1500 in Rom. Die Päpste waren 1377 aus Avignon nach Rom zurückgekehrt. Nach und nach machten sie Rom wieder zum geistlichen Zentrum der Christenheit. Papst Julius II. holte neben Michelangelo und Raffael auch Bramante in die «Ewige Stadt». Giorgio Vasari schrieb darüber: «Diesem Papst war der Einfall gekommen, den Raum zwischen dem Belvedere und dem Palast zu einer viereckigen theaterähnlichen Anlage auszubauen und damit das kleine Tal zu umschließen, welches zwischen dem alten päpstlichen Palast und dem Gebäude gelegen war, das Innozenz VIII. zum neuen Wohnsitz der Päpste bestimmt hatte. Zu beiden Seiten des Tälchens sollten loggienartige Gänge den Palast mit dem Belvedere verbinden und außerdem verschiedene Treppen angelegt werden, damit man vom Grunde des Tales auf mannigfaltige Weise zur Plattform des Belvedere emporsteigen könnte. Bramante, der in solchen Dingen viel Geschmack und Erfindungsgabe an den Tag legte, errichtete als unterstes Geschoss zwei sehr schöne übereinanderliegende Arkadengänge im dorischen Stil, ähnlich denen im Kolosseum der Savelli, nur dass sie statt von Halbsäulen von Pfeilern getragen wurden, die er wie den ganzen Bau aus Travertinstein anfertigte. Darauf erhob sich als Obergeschoss ein geschlossener, mit Fenstern versehener Säulengang im ionischen Stil, der von den obersten Zimmern des päpstlichen Palastes ins Erdgeschoss des Belvedere führte. So entstand zu jeder Seite des Tales eine mehr als vierhundert Schritt lange Loggia, die eine mit der Aussicht auf Rom, die andere dem hinten gelegenen Wäldchen zugewandt; den Talgrund selbst gedachte man zu ebnen und alle Gewässer vom Belvedere hinabzuleiten, um dort einen schönen Brunnen anzulegen.»

Vasaris Text ist in vieler Hinsicht aufschlussreich. Auch beim Bau dieser Anlage ging es – wie immer wieder in der italienischen Renaissance – um einen Rückgriff auf die Antike, aber die Form der Anlage wurde dennoch stark verändert. Sie wies nicht in die Vergangenheit, sondern in die Moderne. Der Garten Bramantes war nicht nur in der Fläche angelegt, sondern in die Höhe gebaut. Von seinen Terrassen und dem Belvedere aus wurden vielfältige Blicke von oben auf die Landschaft möglich. Von den Treppen aus bot jede Stufe einen anderen Eindruck. Menschen, die diese Treppen benutzten, von Terrasse zu Terrasse stiegen, gliederten sich immer wieder neu in die von mehr oder weniger weit oben überblickte Landschaft ein.

Der Garten Bramantes ist nicht mehr in der ursprünglichen Form erhalten, er diente aber als Vorbild für viele ähnliche Anlagen. Wer sich in einem derartigen Italienischen Garten bewegt, beginnt bewusst oder unbewusst, sich selbst zu inszenieren, so wie man dies auch bei den Menschen beobachtet, die mit einer solchen Anlage schon länger vertraut sind: Sie spielen ständig ein wenig Theater, sie stellen sich immer wieder auf andere Stufen und verändern damit den Bezug zur Landschaft, die sie umgibt.

Was in den Texten der Dichter zuerst erkennbar und architektonisch gestaltet wurde, taucht seit dem 15. Jahrhundert auch in der Malerei auf: die Landschaft, meistens übrigens von oben oder von steilen Hängen aus gesehen. Die Maler wählten ähnliche Perspektiven auf die Landschaft wie vom Bergesgipfel aus oder von den architektonisch gestalteten Anlagen der Gärten. Und es entstanden immer mehr Landkarten, in denen Landschaften aus der Vogelschau abgebildet wurden.

Natur, Kultur und Metaphern

Ob nun Landschaften «in der freien Natur» betrachtet werden, auf eine Leinwand gebannt sind, auf einer Landkarte präsentiert oder architektonisch gestaltet werden, immer geht es darum, lebendige und tote Elemente, Elemente der Natur und der Kultur in einer Zusammenschau zu sehen, dabei Empfindungen über sie zu gewinnen und die Zusammenhänge zwischen den Einzelheiten zu erkennen, die man vor Augen hat. Empfindungen und Erkenntnisse sind immer subjektiv. Da sich beim Betrachten einer Landschaft die Blicke mehrerer Menschen auf die gleichen Dinge richten, sollten sie sich über das Gesehene gegenseitig unterrichten. Dies ist eine Voraussetzung dafür, dass sie sich anschließend über die Zukunft «ihrer» Landschaft verständigen können.

In jeder Landschaft bestehen Elemente der Natur. Es können aber auch Elemente der Kultur in ihr enthalten sein. Dies ist in den meisten Gegenden der Fall. Wir sehen immer auf das Resultat von Einflüssen der

Natur und der Kultur, wenn wir auf eine Agrarlandschaft, auf Wald, einen Garten blicken. Niemals ist Natur das Gleiche wie Landschaft. Denn Natur besteht und vergeht, ob wir dies wahrnehmen oder nicht. Zu Landschaft gehört immer auch eine Reflexion. Wenn wir Landschaft sehen, interpretieren wir sie. Zugleich gibt es keine Landschaft, in der ausschließlich Elemente der Kultur vorkommen. Denn natürliche Einflüsse sind selbst in einer durch und durch gestalteten Landschaft einer Stadt oder eines Parks wirksam: Zwischen den Fugen eines Pflasters brechen Pflanzen hervor, Vögel setzen sich auf das Gesims von Gebäuden, die Erosion greift Mauerwerk an, und es überzieht sich mit Moos und Flechten.

Landschaft entsteht beim Betrachten der Einzelheiten von Natur und Kultur erst dann, wenn sie in einen Zusammenhang gestellt und interpretiert werden. Manches erhält dabei eine metaphorische Bedeutung: Man benennt eine spezielle Landschaft nach Idealen oder Vorbildern, hält sie für Wildnisse, für gezähmte Natur, ein Paradies, für besonders schön oder für abstoßend. Einige Landschaften sucht man gerne auf, von anderen wendet man sich ab. Die Ansichten darüber, welche Landschaften man besonders schätzt, ändern sich mit der Zeit, vielleicht im Laufe eines Lebens, vielleicht im Urteil der Zeitgenossen mehrerer aufeinanderfolgender Epochen.

In den folgenden Kapiteln soll auf die Einflüsse von Natur, Mensch und Metaphern in den Landschaften, die wir als Ganzes betrachten, eingegangen werden. Dabei wird das getan, was man eigentlich nicht tun sollte: Einzelne Aspekte werden hervorgehoben. Aber auf andere Weise lässt sich nicht beschreiben, welche Einflüsse in einer Landschaft wirksam werden.

Dabei soll nicht nur von Landschaften die Rede sein, die heute bestehen oder in der Zeit nach Petrarcas Besteigung des Mont Ventoux bestanden haben. Mit diesem Ereignis setzte zwar die reflektierte und schriftlich dokumentierte Beschäftigung mit Landschaft ein. Vorher äußerten sich Zeitgenossen nicht explizit über sie. Und selbst in jüngerer Zeit sowie in der Gegenwart gibt es Landschaften, ohne dass eine Reflexion über sie dokumentiert ist. Sie können wir aus einem allgemeinen Wissen über naturwissenschaftliche, historische und andere Zusammenhänge heraus konstruieren; auch das ist Reflexion. Wenn wir Fossilien von Tieren und Pflanzen aus der Jurazeit kennen und außerdem eine Vorstellung davon haben, wo damals Land und Meer aneinanderstießen, können wir eine «Landschaft der Jurazeit» konstruieren. Entsprechend kann man vorgehen, wenn man die Ergebnisse von Archäologen zusammenträgt. Aus ihnen werden Lage und Ausdehnung früher Siedlungen erkennbar, manchmal findet man alte Bodenoberflächen, häufiger aber noch Hinterlassenschaften früher Kulturen, aus denen sich viel darüber ablesen lässt, wie eine Landschaft in früheren Jahrtausenden ausgesehen haben mag: Getreidekörner, Unkrautsamen, Tierknochen, Überreste von Holz und Blütenstaub. Blütenstaub oder Pollen kann man auch in Mooren finden, deren Torf in genau der gleichen Zeit entstanden ist wie die Siedlung, die der Archäologe ausgräbt. Die Pollenkörner blieben unter Luftabschluss erhalten, und sie lassen sich noch Jahrtausende nach ihrer Ablagerung den Pflanzenarten zuordnen, an deren Blüten sie einst gebildet wurden. Resultate der Archäologie und der Pollenanalyse kann man zusammenfügen, um einen Eindruck davon zu gewinnen, wie eine Landschaft in vergangenen Jahrtausenden ausgesehen haben mag, in denen die Menschen keine bildlichen oder schriftlichen Zeugnisse hinterlassen haben.

Meistens wird ein solches Vorgehen «Rekonstruktion» genannt. Doch dies ist nicht korrekt. Denn es geht nicht darum, eine Landschaft, wenn auch nur gedanklich, wiederherzustellen; unsere Konstruktion einer solchen Landschaft wird in vieler Hinsicht nicht dem Bild entsprechen, das vor Millionen von Jahren bestanden haben mag. Wenn wir ein solches Bild entwerfen und es zur Erklärung von Zusammenhängen verwenden, setzen wir Elemente der Natur in eine Beziehung zueinander. Und das ist eine Konstruktion, eher eine Neukonstruktion als eine Rekonstruktion, auf jeden Fall eine mit einem hypothetischen Charakter. Wenn wir von dieser Klarstellung ausgehen, ist die Landschaftsgeschichte eine Geschichte ohne Anfang, ohne Daten und ohne Ende. Neben verschiedenen Einflüssen auf die Entwicklung von Landschaften sollen in den folgenden Kapiteln auch Leitlinien der Landschaftsgeschichte aufgezeigt werden. Dabei kann dargestellt werden, wie und warum bestimmte Landschaften zu Metaphern wurden, die «italienische Landschaft» ebenso wie die «Schweizer Landschaft», der Garten oder der Park, die Wildnis oder das Naturschutzgebiet. Und es soll deutlich werden, dass sich die Landschaft nicht nur unter menschlichem, sondern auch unter natürlichem Einfluss ständig wandelt.

Elemente der Natur

Vielfalt und Wandel

Wenn wir uns mit Natur und mit Einflüssen der Natur auf Landschaften befassen, lassen sich zwei grundsätzliche Beobachtungen festhalten: Es gibt eine kleinere oder größere Vielfalt der Phänomene von Natur (Berge, Wälder, Gewässer, Pflanzen, die wir voneinander unterscheiden können), und es gibt Prozesse: Tiere bewegen sich, im Verlauf der Jahreszeiten verändern sich die Szenerien, vor allem die Wälder, aber auch die Wolken, Licht und Schatten sind in jedem Moment anders verteilt. Pflanzen wachsen und sterben ab, Felsen können zusammenstürzen. All dies prägt Landschaft.

Typen von Naturphänomenen

Die natürlichen Phänomene und Prozesse werden von zahlreichen Fächern oder Disziplinen untersucht, von Geographie und Biologie, Mathematik, Physik und Chemie, Geologie, Mineralogie, Bodenkunde, Hydrologie, Klimatologie und Ökologie. In allen diesen Fachgebieten wurde und wird eine Systematik der beobachteten Phänomene angestrebt. Dabei wird die enorme Vielfalt individueller Erscheinungen bestimmten Typen oder Kategorien zugeordnet. Besonders gut lassen sich beispielsweise verschiedene chemische Elemente ordnen. Bei der Klassifizierung von Mineralien, Gesteinen, Böden, Witterungsphänomenen, Klimaten, Gewässern, vor allem aber der Lebewesen werden abstrakte Typen festgelegt, denen die Individuen oder die individuellen Erscheinungen zugeordnet werden. Diese Klassifizierung beruht auf einem Erkenntnisprozess, einer Abstraktion: Man erkennt die wesentlichen oder typischen Merkmale von Gesteinen, Böden, Gewässern, Tieren und Pflanzen. Die Typen bekommen Namen, «Granit», «Braunerde», «Hirsch» oder «Buche». Möglicherweise gibt es ein «Typusexemplar», das alle Eigenschaften des beschriebenen Typs in sich vereint, vielleicht aber auch nicht; auf keinen Fall wird es in einer Landschaft jemals ein weiteres Individuum geben, das diesem Typus genau entspricht.

Die Kenntnisse des Systematikers haben für die Beschreibung einer Landschaft Bedeutung. Man möchte wissen, ob die Berge, die man vor sich sieht, aus Kalkstein oder Granit bestehen, ob Fichten oder Buchen darauf wachsen und welcher Typ eines Buchenwaldes dort vorkommt. Dieses Wissen hat sowohl eine naturwissenschaftliche als auch eine im weitesten Sinne geisteswissenschaftliche Basis. Es kommt darauf an, zu abstrahieren oder Typen zu bilden; eine experimentelle Arbeit, die als wichtige Komponente naturwissenschaftlichen Vorgehens angesehen wird, ist dabei nicht mehr wichtig. Sie bestand einmal darin, die einzelnen Teile von Granit oder von Buchenholz zu bestimmen, aber dies ist für das Erkennen einer Landschaft kaum von Bedeutung. Auch welche molekulare Zusammensetzung das Erbmaterial einer Buche hat, ist für den Prozess des Erkennens von Landschaften nicht so wichtig, es lässt sich im Labor analysieren. Heute werden in den Naturwissenschaften Arbeitsrichtungen, bei denen es auf die Klassifizierung von Individualerscheinungen und die dazu gehörende Abstraktion ankommt, immer mehr vernachlässigt, und zwar mit dem Hinweis darauf, dabei handele es sich nicht um eine «reine Naturwissenschaft». Dies ist sicher eine Fehlentwicklung, die nur dann aufzuhalten sein wird, wenn klar wird, dass die rein naturwissenschaftliche bzw. experimentelle Forschung für die Erkenntnis von Phänomenen der Natur nicht allein wichtig ist, sondern ebenso ein eher den Geisteswissenschaften verwandtes Vorgehen des Erkennens, Bestimmens, Sammelns, Vergleichens und Abstrahierens. Trennungslinien zwischen Natur- und Geisteswissenschaften müssten an anderer Stelle gezogen werden als bisher. Analysen im naturwissenschaftlichen Sinne sind heute auch in vielen Geisteswissenschaften von Bedeutung, etwa dann, wenn man die Zusammensetzungen von Farben eines Gemäldes untersucht, um dessen Geschichte aufzuklären. Auf der anderen Seite lassen sich die Naturphänomene in der Landschaft nicht allein durch naturwissenschaftliche Analysen deuten.

Dynamik der Natur

Je stärker die einzelnen Fächer neben den Erscheinungen auch Prozesse untersuchen, desto eher werden sie als Naturwissenschaften aufgefasst und anerkannt. Physik und Chemie sind stärker am Experiment orientiert als etliche Zweige der Biologie. Prozesse der Physik sind besonders gut zu überprüfen, wenn man weiß, wie sie experimentell nachzustellen sind. Schon die Experimentierkästen für Kinder enthalten viele Utensilien, mit denen physikalische Experimente durchgeführt werden können. Nicht anders verhält es sich mit vielen Tätigkeiten der Chemiker: Man weiß, wie man verschiedene Salze herstellt, man weiß, was geschieht, wenn man Salzsäure auf Kalk träufelt. Man kann auch die physikalischen Prozesse in Lebewesen im Labor untersuchen, beispielsweise die Übertragung von Energie im Adenosintriphosphat oder das Eindringen von Kalium in das Zellplasma der Pflanzen, das einen Transport von Wasser in das Zellinnere nach sich zieht. Oder man untersucht die chemischen Prozesse, die bei der Photosynthese eine Rolle spielen. Aber die Entstehung der Vielfalt von Lebensformen lässt sich im Labor nicht nachstellen, und es lässt sich im Experiment auch nicht erkunden, ob der Hauptstamm einer Buche nach rechts oder nach links wächst, wodurch das Landschaftsbild allerdings unmittelbarer beeinflusst wird als durch die Übertragung von Energie im Adenosintriphosphat.

Jeder, der die Vielfalt der Naturphänomene in einer Landschaft untersucht oder beurteilt, sollte wissen, dass diese Phänomene keine Konstanten sind. Sie sind einmal entstanden, sie wandeln sich, sie vergehen. Immer wieder werden neue individuelle Erscheinungen hervorgebracht, die sich verändern, verschwinden oder in eine andere Individualität übergehen. Damit beschäftigen sich, so der manchmal unabweisbare Eindruck, die Astrophysiker stärker als die Biologen, die das Vorkommen von Pflanzen- und Tierarten erfassen.

Dabei spielt die Entstehung und Geschichte des Sonnensystems, der Planeten, darunter der Erde, die allmähliche Abkühlung der Erde «nur» insofern eine Rolle für die Landschaften, als sie ohne diese Prozesse generell nicht in Erscheinung getreten wären. Auch die Entstehung des Lebens und die damit verbundene Veränderung der Atmosphärenzusammensetzung waren keine Ursachen für die Herausbildung verschiedener Landschaften, ja nicht einmal für die Bildung von Landschaften generell: Denn zu ihnen gehören, genauso wie bei einer Mondlandschaft, zwar immer Erscheinungen der Natur, nicht aber unbedingt Lebewesen.

Wichtiger sind schon die geologischen Prozesse, die Kräfte, die aus dem

Erdinneren heraus wirksam werden, beispielsweise der Vulkanismus, die Verschiebungen der Kontinente, Erosion und Sedimentation, der Kreislauf des Wassers und dessen Auswirkungen auf die Oberflächengestalt der Erde. Vulkane prägen die Landschaften in ihrer Umgebung besonders stark. Neu entstehende Vulkane können Landschaftsbilder radikal verändern, erloschene Vulkane wecken Erinnerungen an ihre einstige Zerstörungskraft, und man weiß bei vielen von ihnen, dass sie jederzeit wieder ausbrechen können.

Das Auseinanderdriften von Kontinenten führte zur Trennung von Tier- und Pflanzengruppen, die sich zuvor gekreuzt und vermehrt hatten, nun aber voneinander isoliert unterschiedliche Entwicklungen nahmen und Landschaften unterschiedlich prägten. Die über die Oberfläche der Erde wandernden Kontinentalmassen lagen zeitweise in den Tropen, in gemäßigten Zonen und in arktischen Breiten. Die im Lauf der Zeit sich wandelnden klimatischen Gegebenheiten führten zu unterschiedlichen Bedingungen der Erosion und Sedimentation: Felsen wurden durch Frost eher in arktischen Breiten als in den Tropen gesprengt, kalkhaltige Ablagerungen entstanden eher beim Vorherrschen hoher Temperaturen. Sie bildeten sich zudem vor allem unter der Mitwirkung von Lebewesen, die kalkhaltige Schalen oder Skelette aufbauten. Alle Kontinente wurden während ihrer Drift geprägt. Sie nahmen dabei ihre heutige Form an, die von früher auf diesem Landstück herrschenden klimatischen Bedingungen zeugt, aber nicht unbedingt dort entstehen könnte, wo es heute zu liegen gekommen ist: In tropischen Bereichen entstandene Kalkablagerungen können sich heute in Gebieten befinden, die durch Kontinentaldrift in gemäßigte oder gar arktische Breiten gelangt sind. Ablagerungen von Kohle, Gips oder Salz entstanden ebenfalls unter dem Einfluss eines warmen oder gar heißen Klimas. Man findet sie heute auch in viel kühleren Gegenden, in denen sie sich niemals hätten bilden können. Und sie lagern vor allem in tieferen Bodenschichten. Um sie abzubauen, wurden weite Landstriche erheblich verändert.

Typen im Wandel

In den Ablagerungen, die in früheren Erdzeitaltern entstanden, finden sich Überreste von Lebewesen. Sie werden von den Paläontologen klassifiziert. Dabei gehen sie ähnlich vor wie die biologischen Systematiker, das heißt, sie benennen abstrakte Idealtypen von Fossilien und ordnen ihnen die Individuen zu, die sich in den Ablagerungen finden lassen. Dafür steht ihnen nur das Kriterium der morphologischen Ähnlichkeit zur Verfügung, das für den Klassifikator aktueller Lebewesen sicher das wichtigste ist, bevor er überprüfen kann, ob die von ihm klassifizierten Lebewesen sich auch fruchtbar kreuzen. Bestimmte Fossilien treten nur in einzelnen Schichten auf. Das heißt, die Lebewesen, von denen diese Überreste stammen, hat es nur in bestimmten Erdzeitaltern gegeben. Mit diesen Fossilien lassen sich Gesteinsschichten bestimmen. Dabei werden die Überreste von Lebewesen, die bestimmten Arten zugeordnet sind, zu so genannten Leitfossilien. Ihr Fund führt zur Erkennung einer bestimmten Gesteinsschicht. Im oberen Muschelkalk gibt es beispielsweise die Ceratitenschichten, die über die darin enthaltenen Fossilien von Ammoniten der Gattung Ceratites erkannt werden. In den einzelnen Ceratitenschichten finden sich Überreste von unterschiedlichen Ammonitenarten. Damit kann man belegen, dass sich die Erscheinungsformen des Lebens im Lauf der Zeit gewandelt haben, weil die Evolution auf ihre Entwicklung einwirkte. Doch geschah dies selbstverständlich nicht «ruckartig» vom Typ des einen Leitfossils in einer unteren zum Typ eines anderen in einer darüber liegenden Gesteinsschicht, sondern allmählich. Der Blick auf den Ablauf dieses Prozesses wird dadurch verstellt, dass die Paläontologen die fossilen Überreste eines Individuums entweder «noch» dem Leitfossiltyp der älteren oder «schon» dem Leitfossiltyp der jüngeren Schicht zuordnen.

Während der jüngeren Erdgeschichte kam es mehrmals zu globalen Kaltphasen, in denen sich nahe den Polen und in den Hochgebirgen Eismassen akkumulierten. Sie setzten sich als Gletscher in Bewegung und überdeckten weite Landstriche. Sie hobelten trogförmige Täler aus und transportierten das abgerissene Gesteinsmaterial mit sich. Es wurde entweder am Grund der Eismassen, an deren Seiten oder an deren vorderster Front abgelagert: So bildeten sich aus Schutt Moränen. Mit dem Schmelzwasser in den damaligen kurzen Sommern wurden Sand und

noch feinere Partikel, der Ton, aus dem vergletscherten Gebiet ins Glet-
schervorfeld gespült. Dort ließ die Strömung nach; der Sand sank an
den Grund des Gewässers. Versiegte der Schmelzwasserstrom im kommenden langen Winter, blieb auch der feine Ton in den zeitweise durch-
flossenen Flusstälern liegen. Wenn er abtrocknete, nahm ihn der Wind
auf, der beständig von den kalten Regionen über dem Eis ins wärmere
Umland wehte. Dieser Ton wurde fern von der Gletscherstirn in Form
von Löss abgelagert. Auf ihm entwickelte sich später sehr fruchtbarer
Boden.

Die Eismassen wirkten wie Kältespeicher auf ihre Umgebung. Sie hielten die Temperatur auch dann noch lange Zeit auf einem niedrigen
Niveau, wenn sich die Luft der Umgebung bereits wieder erwärmt hatte. Sie ließen alle kälteempfindlichen Lebewesen in ihrer Umgebung
absterben. In den Eiszeiten überdauerten europäische Tier- und Pflanzenarten nur südlich der Alpen in kleinen Regionen. In anderen gemäßigten Zonen der Erde, in Amerika und Ostasien, konnten hingegen
kälteempfindliche Organismen auch während der Eiszeiten größere
Flächen besiedeln. Daher starben damals in Europa viele Tier- und
Pflanzenarten aus, die aber in Nordamerika und Ostasien weiterhin
existierten. Die Lebenswelt Ostasiens und Nordamerikas ist daher rei-
cher an unterschiedlichen Arten von Lebewesen als diejenige Europas.
Zwischen den kalten gab es auch wärmere Phasen, in denen das Eis ab-
schmolz und der von ihm transportierte Schutt im gesamten ehemals
vergletscherten Gebiet liegen blieb. Tiere und Pflanzen konnten sich
dort ausbreiten, wo zuvor das Eis gelegen hatte oder die Kälte ihre Existenz nicht ermöglicht hatte. In Europa gelang es während einiger dieser
Warmzeiten der Buche, der Eibe, der Tanne oder der Hainbuche besser,
sich auszubreiten und weite Teile Europas einzunehmen.

Der Wandel der Natur und die Landschaft

Veränderungen der Natur laufen überwiegend in sehr langen Zeiträumen ab. Doch sie haben erhebliche Folgen: Auf einem kalkhaltigen Untergrund entwickelt sich eine völlig andere Landschaft als auf Granit
oder Sandstein. Und die artenreichen Laubwälder in den gemäßigten
Breiten Chinas unterscheiden sich von den viel artenärmeren Wäldern

in Mitteleuropa. Dies geht allein auf unterschiedliche Bedingungen des Wandels in den einzelnen Erdgegenden zurück. Es gibt außerdem rasche Veränderungen der Natur: Eine Katastrophe wie ein Vulkanausbruch führt in kurzer Frist zu einer erheblichen natürlichen Dynamik, in deren Verlauf Pflanzen und Tiere zerstört werden, und auch nach dem Ausbruch treten rasche Veränderungen ein, wenn die erkaltete Lava erneut von Pflanzen und Tieren besiedelt wird.

Einen Vulkanausbruch fasst man als «Naturkatastrophe» auf. Sie bedroht oder vernichtet Erscheinungen von Natur, ebenso wie das Leben und das Werk von Menschen. Dazu zählen eine Überschwemmung nach einem erheblichen Niederschlag oder bei plötzlich einsetzender Schneeschmelze, ein Blitzschlag, der einen Wald in Brand setzt, die zerstörende Kraft von Stürmen und Fluten, ein Schneebruch, bei dem nach starkem Schneefall Bäume unter der Schneelast zusammenbrechen, ein nur wenige Stunden während der Vorstoß kalter Luft im späten Frühjahr, der zu Spätfrost führt und kälteempfindliche Pflanzen und Tiere in weiten Landstrichen vernichtet, oder ein Heuschreckenschwarm, der in eine Gegend einfällt und alle grünen Blätter vernichtet. All dies ist Folge der Wandelbarkeit von Natur. Während sie sich im Fall der «Katastrophe» rasch verändern kann, laufen andere Wandlungen langsamer ab, vielleicht so allmählich, wie es bei den oben dargestellten Prozessen in den «geologischen Zeiträumen» der Fall ist.

Es ist wichtig zu wissen, dass prinzipiell alle Naturkomponenten, die in einer Landschaft sichtbar werden, dem Wandel ausgesetzt sind. Um sich dies klarzumachen, braucht man weder die langen «geologischen Zeiträume» noch die katastrophalen Umbrüche zu bemühen. Wandel in der Landschaft, der von natürlichen Prozessen ausgeht, ist auch auf andere Weise sichtbar. Landschaften sehen zu den verschiedenen Jahreszeiten unterschiedlich aus. Dies hängt vor allem mit dem Zustand der Vegetation zusammen: In unseren heimischen Breiten treiben die meisten Bäume im Frühjahr aus, und zwar zu unterschiedlichen Zeiten, ja sogar in unterschiedlicher Reihenfolge. Das sommerliche Laub nimmt eine andere Farbe an als das junge Grün, und im Herbst verfärbt sich das Laub in mannigfaltiger Weise. Unbelaubte Bäume sehen wieder ganz anders aus, und sie erlauben winterliche Durchblicke und Perspektiven, wie sie im Sommer nicht möglich sind. Mit diesen Wandlungen der Landschaften sind wir vertraut, nicht aber mit Veränderungen, die damit im Zusammenhang stehen. Zu etwa der Zeit, in der jedes Jahr die Eichen austreiben, schlüpfen auch die Raupen des Eichenwicklers. Diese Schmetterlingsraupen fressen das junge Laub von Eichen. Wenn es voll entwickelt ist, enthält es eine große Menge an Gerbstoffen, die die Raupen vom Fraß abhalten. In den jungen Blättern gibt es aber nur eine kleine Menge an Gerbstoffen; sie entstehen erst im Lauf der Blattentwicklung. Ganz genau synchron entwickeln sich die Eichen und die Eichenwicklerraupen jedoch nicht. In dem einen Jahr schlüpfen die Raupen zu früh; dann sind noch keine Eichenblätter vorhanden. Die Raupen verhungern, das Eichenlaub kann sich in seiner ganzen Fülle entfalten. Die Eichen wachsen in einem solchen Jahr gut, sie bilden viele Eicheln und breiten sich erfolgreich aus. In einem anderen Jahr schlüpfen die Raupen zu spät; dann sind die Eichenblätter zwar schon ausgetrieben, sie enthalten aber bereits so große Mengen an Gerbstoffen, dass sie ebenfalls nicht gefressen werden. Auch dann sterben die Raupen, und die Eichen entwickeln sich in voller Vitalität. Es gibt aber auch andere Jahre, da schlüpfen die Raupen genau dann, wenn die jungen Eichenblätter austreiben. Nun können sich die gefräßigen Raupen über das junge Grün hermachen. Später gibt es dann viele Eichenwickler, die Eier ablegen. Die Eichen sind in einem solchen Jahr geschädigt. Sie können zu einem späteren Zeitpunkt noch einmal austreiben, haben aber insgesamt weniger Blätter und betreiben weniger Photosynthese. Wenn sich nicht irgendwo Reservestoffe mobilisieren lassen, wachsen an einer solchen Eiche weniger Eicheln heran. Der Baum kann sich schlechter entwickeln. Buchen, Hainbuchen, Ahorn und andere Bäume können sich in einem solchen Jahr besser verbreiten, und das mag Auswirkungen haben auf viele folgende Jahre.

Jede Baumart hat «ihre» Schädlinge, und die zu ihr zählenden Individuen reagieren unterschiedlich auf den oben erwähnten Spätfrost im April oder Mai. An diesem Beispiel wird deutlich, wie komplex die ökologischen Abläufe in jedem Jahr sind und wie sehr davon die Landschaft beeinflusst werden kann.

Wachstum und Sukzession

Die Stämme der Gehölze wachsen in die Höhe, ihre Äste in die Breite. Die Bäume altern, einzelne Äste brechen ab, oder der Baum wird vom Schnee oder Sturm geknickt. Es entsteht eine Lichtung im Wald, die sich alsbald wieder schließt: Zuerst Kräuter, später beispielsweise Himbeer- oder Brombeersträucher, dann größere Büsche, schließlich erneut kleine oder ein großer Baum schließen die Lücke. Ein Gehölz, eine Baumgruppe, ein Waldrand kann dadurch ein völlig anderes Aussehen haben, je nach dem Jahr, in dem man auf ihn blickt. In den Wäldern, auf den Wiesen, Weiden und Heiden, auch am Wegrand, findet man in dem einen Jahr viele Pflanzen einer bestimmten Art, in dem anderen Jahr weniger davon. Das ist vor allem dann der Fall, wenn solche Flächen in jedem Jahr ein wenig anders genutzt werden oder die bisherige Bewirtschaftung aufgegeben wird. Flächen, die ehemals unter menschlichem Einfluss standen, nun aber nicht mehr, unterliegen der Sukzession, der Abfolge von Lebensgemeinschaften, die durch bestimmte Pflanzen charakterisiert sind. Dort geschieht im Prinzip das Gleiche wie auf der Lichtung, die durch den Zusammenbruch eines alten Baumes entstand: Die Vegetation schließt sich erneut.

Zu einer Sukzession kommt es auch aus anderen Ursachen. Unter einem Pflanzenbestand verändert sich der Boden: Das organische Material, das sich dort Jahr für Jahr ansammelt, wird zersetzt, und dabei bilden sich Säuren. Sie zerfressen das Gestein im Untergrund und lösen aus ihm Mineralstoffe heraus. Pflanzen nehmen diese Mineralstoffe als «Nährstoffe» auf. Wenn der Boden mehr und mehr versauert, breiten sich neue Pflanzenarten aus. Deutliche Veränderungen zeigen sich auf einem verlandenden See: Der Schwimmblattgürtel und das Röhricht sind nicht immer an der gleichen Stelle entwickelt. Der See wird flacher, weil sich an seinem Grund abgestorbenes organisches Material vermischt mit mineralischen Bestandteilen absetzt, die in das Gewässer eingespült wurden. Besonders viel organisches Material bleibt zwischen den Halmen des Röhrichts hängen, so dass der See außerdem kleiner wird. Seerosen können nur dort existieren, wo das Wasser mindestens mehrere Dezimeter tief ist; im flacheren Wasser erfrieren ihre Knospen. Weil der See immer seichter wird, überdauern jedes Jahr nur diejenigen Seerosen, die in etwas tieferem Wasser wachsen. Schließlich wird der See so flach und klein, dass er völlig verlandet und zum Moor wird. Nun setzt die Moorsukzession ein: Solange die Mooroberfläche vom Grundwasser mit seinen Mineralstoffen erreicht wird, besteht ein Niedermoor. Organische Substanz wird dort aber nicht zersetzt, weil es im dauernd feuchten Milieu an Sauerstoff mangelt, den die zersetzenden Mikroorganismen zum Leben brauchen. Daher sammelt sich organische Substanz an. Allmählich hebt sich die Oberfläche eines solchen Moores aus dem Grundwasserbereich heraus, und das Moor wird zum Hochmoor. Dort sickert das Regenwasser in den Torf, aber es mangelt an Mineralstoffen. Nur ganz wenige Pflanzen sind in der Lage, mit diesem Mangel fertig zu werden.

Alle diese Wandlungsprozesse lassen sich beim aufmerksamen Beobachten von Landschaften wahrnehmen, vor allem dann, wenn man alte mit aktuellen Bildern vergleicht. Sie zeigen sich auch beim Vergleich anderer Dokumente, etwa dann, wenn man Artenlisten von Pflanzen und Tieren aus verschiedenen Zeiten nebeneinanderlegt. Viele Menschen halten jeglichen Wandel für bedrohlich. Doch man muss vieles davon akzeptieren: Wandel ist eine wesentliche Eigenschaft von Natur! Pflanzen- und Tierindividuen entstehen oder werden geboren, sie wachsen heran, sie verschwinden. Tiere fressen Pflanzen, verändern dabei ihre individuelle Form. Pflanzen werden dezimiert, andere Arten nehmen an Bedeutung zu.

Natur und Nachhaltigkeit

Bei den Diskussionen um Waldsterben und Klimawandel ist die Dynamik der Natur stärker zu beachten. Bedrohlich sind nur die Dimensionen, die grundlegende Veränderungen auslösen könnten. Und solche sind real bislang nicht beobachtet worden; sie sind in keiner Landschaft so zu sehen, wie es in den Prognosen vorhergesagt wurde. Natur ist niemals stabil, und das heißt auch, Natur ist nicht nachhaltig. Die Geschichte der Natur zeichnet sich dadurch aus, dass immer wieder neue Formen von Natur entstehen und alte vergehen. Obwohl wir den Eindruck haben, jedes Jahr in einer identischen Naturumgebung das Frühjahr zu erleben, so sind es doch immer wieder andere Individuen, die wir dann in der Landschaft finden, immer wieder andere Buschwindröschen und Meisen, und die sich belaubenden Bäume und Büsche sind Jahr für Jahr ein Stück größer und älter geworden.

In einer Wildnis werden Pflanzen- und Tierarten auf Dauer nicht bewahrt. Im Lauf von Prozessen der Sukzession kommen immer neue Arten zum Vorschein, und alte verschwinden. Wollen wir aber anstreben, bestimmte Arten von Tieren und Pflanzen zu bewahren, was ein wichtiges Ziel, aber auf die Länge gesehen kaum zu erreichen ist, müssen wir die Prozesse der Veränderungen von Standorten genau erfassen, an denen die Pflanzen wachsen und die Tiere vorkommen. Man kann sich vorstellen, regelmäßig bestimmte Vorkehrungen an einem Standort zu treffen, damit eine bestimmte Pflanzenart dort immer wieder zum Wachstum gelangt. Ihr Wuchsort müsste beispielsweise regelmäßig gemäht oder beweidet werden, oder man schneidet die Pflanzen am Wuchsort in dem einen Jahr und lässt sie sich dann für einige Jahre in Ruhe entwickeln. Eine Zeitlang sieht man dann die Pflanze so, wie man sich das gewünscht hat. Dann aber geht die Sukzession voran, und die Pflanze stirbt ab oder wird überwuchert. Man muss dann den Wuchsort wieder so gestalten, dass die Pflanzenart dort erneut wachsen kann. Solche Pflegepläne gibt es in großer Menge; man bezeichnet sie als Maßnahmen des Naturschutzes. Doch dies ist nicht zutreffend. Denn der menschliche Eingriff hat nichts mit Natur zu tun. Die Akzeptanz dafür wäre größer, wenn man klarer umschreiben würde, was der Pflegeplan bezweckt: Man will damit das Ökosystem oder die Landschaft, in der eine Pflanzen- oder Tierart vorkommt, auf Dauer, also nachhaltig bewahren – aber nicht eine wandelbare Natur.

Landschaft und Ökosystem

Es gibt Naturwissenschaftler, welche die Begriffe Landschaft und Ökosystem miteinander gleichsetzen. Beide meinen Gebilde oder Einheiten mit undeutlichen Grenzen nach außen. In einem Ökosystem laufen alle Wechselbeziehungen zwischen unbelebten und belebten Elementen der Natur ab, in einer Landschaft steht der Mensch im Zentrum. Alle Elemente der Landschaft befinden sich in einer Wechselbeziehung zum Menschen; man könnte daher eine Landschaft das Ökosystem des Menschen nennen. Aber auch dies ist aus mehreren Gründen nicht richtig.

Denn für die Wahrnehmung der Landschaft ist es keineswegs wichtig, alle Beziehungen im Ökosystem zu kennen. Für das Ökosystem ist entscheidend, welche Bodenmikroorganismen auf welche Weise Pflanzenteile abbauen. Für die Landschaft hat dies kaum eine Bedeutung. Ein Ökosystem ist zwar naturwissenschaftlich schwer zu erfassen, aber in ihm laufen ausschließlich Prozesse ab, die mit naturwissenschaftlichen Methoden beschrieben werden können. Eine Landschaft ist mehr als das: Für ihr Erkennen sind Metaphern und Gedanken entscheidend, die der Mensch sich bei ihrer Betrachtung, beim Erleben von ihr macht. Darüber hinaus – und das ist besonders wichtig – ist ein Ökosystem als natürliche Funktionseinheit Veränderungen unterworfen, die Landschaft als Idee aber nicht.

Elemente der Kultur

Stabilität als Ziel

Während Natur die Landschaft stets verändert, haben Menschen die Absicht, Stabilität in ihrer Umwelt und infolgedessen auch in der Landschaft zu erreichen. Eine stabile Umwelt, in der es stets alles gibt, was die Menschen brauchen, ist die Grundlage für auf Dauer kalkulierbare Lebensbedingungen. Wenn es stets genug Nahrung gibt, leidet man keinen Hunger. Man erlebt dann auch nicht, wie Mitmenschen Hunger leiden. Die Gemeinschaft der Menschen profitiert insgesamt. Soziale Gründe, die Wahrung des menschlichen Miteinanders, sind wesentliche Ursachen für das Streben nach Stabilität von Lebensbedingungen, Umwelt, Landschaft. Menschen wünschen sich stets diese Stabilität, man könnte auch sagen, Nachhaltigkeit, als ein wichtiges Ziel ihrer Kultur. Sie können sie aber niemals vollständig erreichen, weil in jedem Stück Umwelt, in jedem Stück Land, auf das sie Einfluss nehmen, stets das verändernde Prinzip der Natur wirksam ist.

Das kulturelle Bemühen um Nachhaltigkeit scheint den Menschen vor anderen Lebewesen auszuzeichnen, die völlig oder nahezu völlig in die sich verändernden Naturbedingungen einbezogen bleiben. Der Mensch aber lehnt sich dagegen auf, und bis zu einem bestimmten Grad gelingt es ihm, Sicherheit und Stabilität zu realisieren. Sterben allerdings muss er am Ende doch: Der Tod kann allenfalls hinausgeschoben werden, auf einen späteren Zeitpunkt, in ein höheres Lebensalter.

Jäger und Sammler

Stabilität ihrer Lebensbedingungen konnten die Menschen zunächst genauso wenig anstreben wie die Tiere, mit denen sie nahe verwandt sind. Sie sammelten Pflanzenteile und Eier, gingen auf die Jagd. Nahrhafte Früchte und Samen, Speicherwurzeln, Speicherknollen oder junge Triebe, dazu Pilze, Eier und die Beutetiere waren niemals stets in gleicher Häufigkeit in einem Ökosystem oder in der Umwelt des Menschen anzutreffen. Wenn es viele Sammelpflanzen gab, zahlreiche Beutetiere vorkamen und es den Menschen gelang, sie in ausreichender Zahl zu erlegen, war genug Nahrung vorhanden, um alle Mitglieder ihrer sozialen Gemeinschaft zu sättigen, ihnen ein gutes Überleben zu ermöglichen. Mit einem solchen Zustand verband sich die Vorstellung vom Schlaraffenland, das man sich als eine Art von Paradies dachte. Im Schlaraffenland gab es vor allem keine tägliche Plackerei mit Landwirtschaft. Die Jagd, vielleicht aber auch das Sammeln von Pflanzenteilen scheint man hingegen in geringerem Ausmaß als tägliche Mühe empfunden zu haben; in vielen Märchen, Sagen und Mythen wird einem zumindest dieser Eindruck vermittelt.

Wenn es aber nur wenig Jagdbeute gab, herrschten Nahrungsmangel, Hunger, größere Anfälligkeit gegenüber Krankheiten, die Menschen konnten sich weniger stark gegen ihre natürlichen Feinde zur Wehr setzen, sie wurden zur Beute der Raubtiere, weil sie nicht schnell genug davonrennen oder sich verstecken konnten; der Tod raffte immer mehr Individuen dahin.

Die Jagd wurde selten von Einzelpersonen betrieben, vielmehr in erster Linie von Menschengruppen. Einige Jäger scheuchten die Beutetiere auf, andere versperrten ihnen den Weg, eine dritte Gruppe erlegte sie. Wenn große Tiere erbeutet worden waren, war es günstig, sie in Gemeinschaft zu verzehren. Dann musste das Fleisch des Beutetieres nicht lange aufbewahrt werden. Der oder die Jäger ließen sich während des gemeinsamen Mahls rühmen, und am nächsten Tag war man bei einem anderen Jäger oder einer anderen Jägergruppe zu Gast, um sich satt zu essen.

Besonders günstige Bedingungen für die Jagd herrschten nach der letzten Eiszeit, die vor etwa achtzehntausend Jahren zu Ende ging. Die Temperaturen nahmen zu, und das Eis taute ab. Auf den Flächen in der Nähe des Eises und dort, wo das Eis gerade abgeschmolzen war, breiteten sich Gräser und Kräuter aus. Gras und Kräuter fressende Tiere vermehrten sich unter diesen Bedingungen besonders gut: Rentiere in Mitteleuropa, weiter im Süden und Osten Wildpferde, Wildrinder, Wildschafe und Wildziegen. Rentiere zogen damals wie heute auf einigermaßen festen Bahnen zwischen Sommer- und Winterweiden hin und her, wobei sie im Winter auch in lichte Gehölze im Süden vordrangen. Man lauerte ihnen am besten von oben her auf, vom Rand eines Gebirges oder eines Tales oder von einer Düne aus. Rentierjäger erspähten ihre Beute beispielsweise an den Rändern des breiten Elbtales bei Hamburg, das von den gewaltigen eiszeitlichen Schmelzwasserfluten geformt worden war. Oder sie saßen am Kaiserstuhl und Tuniberg in der Oberrheinebene, ebenso am Rand des Juragebirges, um auf ihre Beute zu warten. Die Menschen suchten dabei Stellen auf, an denen auch ein Raubtier sitzen würde: Geländevorsprünge, von denen aus sie eine weite Umgebung aus erhöhter Perspektive überblickten. Die Prägung auf Aussichtspunkte hat beim Menschen also eine lange Geschichte; sie setzte keineswegs erst ein, als er sich erstmals Gedanken über die Wahrnehmung von Landschaft machte.

Im Westen Asiens jagten Menschen wilde Schafe, Ziegen und Rinder. Wildschafe und Wildziegen ließen sich auch von einzelnen Jägern erbeuten. Man braucht keine große Gruppe von Menschen, um diese Tiere zu erlegen und um ihr Fleisch rasch zu verzehren.

Als die Vegetation vielerorts immer dichter wurde und mehr Bäume aufwuchsen, nahm die Menge an Nahrung für die großen Grasfresser unter den Tieren ab. Dies wirkte sich besonders auf die Verbreitung der Rentiere aus. Sie zogen nach Norden, wo inzwischen weitere Flächen vom Eis befreit worden waren. Die Menschen hatten nun zwei Möglichkeiten: Sie konnten hinter den Rentieren her ebenfalls weiter nach Norden vordringen, oder sie blieben im Land ihrer Väter, wo sie künftig auf die Rentierjagd verzichten mussten. Dort machte sich immer häufiger Nahrungsmangel bemerkbar. In großen Teilen Europas, die fast völlig von Wald überzogen wurden, gab es nur noch kleine Waldtiere, die schwer zu erbeuten waren. Ein über das ganze Jahr einigermaßen gleichmäßiges Nahrungsangebot bestand nur an Flüssen, Seen und den Küsten der Meere. Dort konnte man Fische fangen und Vögel jagen, an den Küsten auch Robben. Möglicherweise brachten die Menschen Wassernüsse an den Gewässerrändern aus; diese Wärme liebenden und nahrhaften Pflanzen verbreiteten sich damals sehr schnell. Die Wassernuss kam auch in Gegenden vor, in denen sie heute ausgestorben ist; doch schon lange dient sie nicht mehr zur Nahrungsgewinnung. Auch Haselnüsse könnten die Menschen in den Boden gesteckt haben; sie keimten, und Haselbüsche wuchsen in die Höhe, die nahrhafte Nüsse trugen. Haselbüsche wurden ebenso wie die Wassernuss in genau den Zeiten häufig, in denen für die Menschen Nahrungsmangel drohte, weil die Wälder immer dichter und die Rentiere seltener wurden.

Die Entstehung der Landwirtschaft

Andere und vielfältigere Möglichkeiten, ihren Nahrungserwerb zu verändern, hatten die Menschen im Nahen Osten, in den Bergländern, die heute zum Iran und Irak, zur Türkei, zu Syrien und zum Libanon gehören. Die dort vorkommenden wilden Schafe und Ziegen ließen sich leicht in Obhut nehmen, vor allem die Jungtiere. Dies war ein wichtiger Schritt auf dem Weg hin zur Domestikation, zur Entwicklung von Haustieren. Ähnliches war mit jungen Rindern möglich. Außerdem gab es im Nahen Osten Gräser mit besonders großen und nahrhaften Körnern, Hülsenfrüchte und andere Gewächse, von deren Samen man sich ernähren konnte. Diese Pflanzenteile ließen sich sammeln und aufbewahren. Wenn man sie trocken lagerte, verdarben sie nicht, und man hatte das ganze Jahr über sein Auskommen.

Ursprünglich mögen Tiere und Pflanzen mit essbaren Bestandteilen im Nahen Osten in derart üppigen Mengen vorgekommen sein, dass man paradiesische Verhältnisse mit diesen Zeiten verband. Doch der Mensch wurde – so der Mythos – aus dem Paradies vertrieben und musste zum Ackerbauern und Viehhalter werden. Mithin begann die tägliche Plackerei am immer gleichen Ort, aber auf diese Weise war auch eine Möglichkeit gegeben, unter stabileren Bedingungen eine größere Gruppe von Menschen zu jeder Zeit des Jahres satt zu bekommen.

Die großen Körner der Gräser fielen zu Boden, wenn sie reif waren, und keimten. Sie entgingen auf diese Weise dem sammelnden Menschen. Die Pflanzensammler griffen nun nach Grasähren, an denen noch viele Körner saßen, an denen also die reifen Körner nicht zu Boden gefallen waren. Dies waren Pflanzenindividuen, bei denen die Ährenachsen, gewissermaßen die Fortsätze der Halme, besonders stabil waren. Körner und Ähren von diesen Gewächsen gelangten in die Siedlungen der Menschen. Einige Körner mögen unabsichtlich neben den Hütten verstreut worden sein; sie keimten im nächsten Frühjahr und brachten Pflanzen mit ähnlich stabilen Ährenachsen hervor, an denen die Körner nicht gleich ausfielen. Irgendwann müssen die Menschen auf die Idee gekommen sein, diese Körner absichtlich zu verstreuen, sie auszusäen. Auf diese Weise entstand das erste Getreidefeld mit Kulturpflanzen.

Die Entwicklung von Kulturpflanzen unter dem Einfluss der Menschen ist eine der wichtigsten, vielleicht sogar die wichtigste Innovation der

Menschheit. In der Folgezeit konnte die Ernährung der Menschheit auf eine immer stabilere Basis gestellt werden. Die Menschen wurden sesshaft, denn sie konnten während der Zeit des Wachstums von Getreide und anderer Kulturpflanzen die Felder nicht sich selbst überlassen. Und es bildeten sich unter dem Einfluss der Landwirtschaft Landschaften eines völlig neuen Typs heraus.

Die Schaffung von Agrarland

Die Schaffung eines Feldes, auf dem Kulturpflanzen wachsen sollten, war mit rascher Veränderung von Landschaft verbunden. Alle Gewächse, die auf der Fläche des anzulegenden Feldes von Natur aus vorkamen, mussten beseitigt werden. In den Bergländern des Nahen Ostens, in denen die ältesten landwirtschaftlichen Kulturen entstanden, war der damit verbundene landschaftliche Wandel weniger erheblich als in anderen Regionen. Hier mussten nur die Kräuter beseitigt werden, an deren Stelle das Getreide allein und unbehindert wachsen sollte. Der Untergrund des Feldes musste gelockert werden, um ein ideales Saatbett zu bereiten. Dafür hackte man den Boden, in späteren Zeiten brach man ihn um. Das noch unbestellte Feld musste frei von anderen Pflanzen und Tieren sein, damit das Getreide optimal gedeihen konnte. Nicht verhindern ließ sich, dass trotzdem Samen von Pflanzen im Ackerboden verblieben, ebenso wie Bodentiere. Nach den Eingriffen der Feldbestellung, die sich gegen die ursprüngliche natürliche Dynamik richteten, nutzten die Menschen nun die natürliche Dynamik aus, indem sie Getreide heranwachsen ließen. Allerdings keimten nun auch die Samen von Pflanzen, die von den Menschen bald Unkräuter genannt wurden, weil sie den Getreidepflanzen Konkurrenz machten, an ihnen emporkletterten wie das Klettenlabkraut und die Winde oder rasch wuchsen wie die Kornrade oder die Kornblume. Daher waren erneute Interventionen der Menschen erforderlich: Durch Hacken trachteten sie danach, das Unkraut zu beseitigen. Aber das war schwierig, denn man musste aufpassen, dass dabei die Getreidehalme nicht abgeknickt wurden. Daher ließ man das Unkraut meistens wachsen, bis man – in sehr viel späterer Zeit – mit Chemikalien dagegen vorgehen konnte.
Eine große Menge an heranreifenden Getreidekörnern war nicht nur bei

den Menschen willkommen, sondern auch bei Tieren, die sich ebenfalls davon ernähren. Heuschreckenschwärme fielen ein und vermehrten sich prächtig, wenn sie auf das «Schlaraffenland» eines Getreidefeldes stießen. Auch Hamster und Mäuse fanden reichlich Nahrung, so dass es immer mehr von diesen Tieren gab. Man musste sie bekämpfen. Ein besonderes Problem war es, die Haustiere, die man in den Siedlungen hielt, von den Getreidefeldern fernzuhalten. Denn natürlich sind Getreidekörner auch für Rinder, Schafe und Ziegen besonders nahrhafte Speisen. Sie können die Körner direkt als Nahrung verwenden und müssen nicht Zellulose aus Halmen und Blättern zuerst durch Mikroorganismen in ihrem Pansen zersetzen lassen. Es wurde notwendig, die Getreidefelder abzugrenzen und sie auf diese Weise vor den Tieren zu sichern – und auch vor anderen, fremden Menschen, für die ein Feld mit reifem Korn ebenfalls attraktiv war.

Die Dynamik der Natur auf dem Getreidefeld wurde so lange genutzt, wie die Pflanzen wuchsen und die Körner heranreiften. Anschließend musste sie durch eine erneute Intervention der Menschen unterbrochen werden: Das Getreide wurde geerntet, entweder nur die Ähren oder auch das Stroh, das ein wertvoller Rohstoff war. Anschließend wurden die verbliebenen Reste der Getreide- und Unkrautpflanzen, die Stoppeln oder auch das Stroh beseitigt, untergehackt oder abgebrannt. Auf dem Acker sollten im folgenden Jahr erneut Kulturpflanzen heranwachsen können. Durch die zeitweilige Nutzung der natürlichen Dynamik und die anschließenden Interventionen der Menschen, durch die Bereitung des Saatbettes und durch die Ernte, sah das Getreidefeld in jedem Jahr gleich aus. Jedes Jahr fanden die gleichen natürlichen Entwicklungen und Eingriffe der Menschen darauf statt.

Zwischen Ernte und erneuter Aussaat bedurfte das Korn einer speziellen Behandlung. Zunächst einmal mussten die Ährenachsen zerbrochen werden, damit einzelne Körner für die Aussaat zur Verfügung standen und andere Körner zu Mehl gemahlen werden konnten. Dazu musste man das Getreide dreschen. Wichtig war es auch, das Korn so gut wie möglich von Unkrautsamen zu reinigen. Dazu siebte man das Saatgut oder warf es gegen den Wind, um die Samen und Früchte ihrem Gewicht nach zu trennen. Diese Methode, das Worfeln, war besonders wirkungsvoll. Doch es führte dazu, dass in späteren Zeiten immer mehr Unkräuter in den Feldern vorkamen, die Samen von ähnlicher Größe und ähnlichem Gewicht wie Getreidekörner haben, beispielsweise Kornblume, Trespe, Klettenlabkraut und Windenknöterich.

Man baute nicht nur Getreide an, sondern auch Hülsenfrüchte. Bei ihnen fand ebenfalls eine Entwicklung von der Wildpflanze zur Kulturpflanze statt: Die beiden Fruchtblätter, die die Samen umschließen, reißen bei einer Wildpflanze sofort auf, wenn die Samen reif sind, um die Saat auszustreuen. Bei der Kulturpflanze bleiben sie aber zusammen und müssen anschließend von den Menschen aufgedrückt werden, damit sie Erbsen oder Linsen daraus hervorholen können. Wilder Lein streut seine Samen aus Löchern in seinen Samenkapseln aus. Aber bei kultiviertem Lein sind diese Löcher verschlossen: Die reifen Körner bleiben bis zur Ernte in den Kapseln.

Mehrere Zentren der Kulturpflanzenentstehung

Kulturpflanzen, bäuerliche Kultur, Sesshaftigkeit der Menschen und bäuerlich geprägte Landschaften entstanden an mehreren Orten der Erde zu etwa der gleichen Zeit. Ähnliche Entwicklungen wie im Nahen Osten gab es auch in Südostasien und in Südamerika sowie in Afrika. Seltsam ist dies insofern, als die jeweils dort lebenden Menschen keinerlei Kontakt untereinander haben konnten, denn sie waren räumlich zu weit voneinander getrennt. Und es waren überall andere Pflanzen, die sie in Kultur nahmen, in Südostasien Reis und Soja, in Afrika verschiedene Arten von Gräsern, die wir unter dem Begriff «Hirse» zusammenfassen, in Südamerika Mais, Kartoffel, Grüne Bohne und Tomate. Nirgends aber war die Vielfalt der Kulturpflanzen von Anfang an so groß wie im Westen Asiens. Dort kultivierte man verschiedene Arten von Weizen, darunter Einkorn und Emmer, ferner Gerste, Erbsen, Linsen und Lein; weitere Getreidearten folgten später, darunter der eigentliche Saatweizen, Dinkel, Roggen und Hafer, die Dicke Bohne und Früchte tragende Gehölze wie die Olive.

Auch die Vielfalt der Tierarten, die allmählich zu Haustieren wurden, war im Nahen Osten besonders groß. Diese große Diversität an Pflanzen und Tieren, auf denen die Landwirtschaft beruhte, brachte einen wichtigen Vorteil mit sich: Die gesamte Wirtschaft konnte sich stabiler entwickeln, denn wenn die eine Kulturpflanze, die früh im Jahr wuchs und reifte, durch einen Witterungseinfluss in ihrer Entwicklung beeinträchtigt wurde, konnte eine andere, die später heranwuchs, sich dennoch normal entwickeln, so dass trotz des Verlustes der einen Kulturpflanze noch das Erntegut einer anderen Pflanzenart zur Verfügung stand.

Die Agrarlandschaft

Während für den Getreideanbau die Flächen eigens vorbereitet werden mussten, konnte man die Tiere einfach in den Wald treiben. Sie fanden dort genügend Nahrung. Allerdings mussten sie von einem Hirten gehütet werden. Er wurde schon in früher Zeit von dem wohl ältesten Haustier, dem Hund, begleitet. Doch auch die Viehhaltung hatte erheblichen Einfluss auf das Landschaftsbild. Die Tiere fraßen einige Pflanzen lieber als andere. Gewächse mit bitteren oder giftigen Inhaltsstoffen oder solche, die von Dornen oder Stacheln bewehrt waren, breiteten sich dort aus, wo regelmäßig Haustiere weideten. Die Tiere fraßen nicht nur die Kräuter am Boden, sondern sie bissen auch das Laub von den Büschen und Bäumen ab. Junge Bäume wuchsen kaum noch in die Höhe. Die beweideten Flächen wurden immer lichter. Die wenigen Bäume, die stehen blieben, konnten sich stärker in die Breite entwickeln als in einem dichten Wald. Sie wurden mächtige breitkronige Gebilde mit weit ausladenden Ästen. Unter ihnen konnte man hindurchblicken: Die Tiere hatten alles Laub von den unteren Ästen abgebissen, das sie mit ihren Mäulern erreichen konnten.
Die Waldflächen wurden auch deswegen immer lichter, weil dort Holz gemacht wurde. Und man schnitt Laub von den Bäumen, um es im Winter dem Vieh als Heu vorzuwerfen. Im Nahen Osten fanden Schafe, Ziegen und Rinder meistens – ebenso wie ihre «wilden» Verwandten – genügend Futter im Freien. Wurden sie bei Kälteeinbrüchen in den Ställen gehalten und gefüttert, überlebten sie die wenigen strengen Winter, denen viele ihrer wilden Verwandten zum Opfer fielen.
Insgesamt führte die Landwirtschaft von ihren Anfängen an zur Herausbildung einer Agrarlandschaft. In ihr gab es stets einen Gegensatz zwischen unbewirtschafteten und bewirtschafteten offenen Flächen, auf denen Kulturpflanzen heranwuchsen. Und die beweideten Gebiete

wurden mit der Zeit ärmer an Gehölzen. Daher entstand ein weiterer Gegensatz zwischen dichteren und lichteren Wäldern. Kennzeichnend für diese Landschaft, die man gemeinhin Kulturlandschaft nennt, wurden die Ränder zwischen Waldbereichen und vor allem zwischen Wald und Offenland. Sie wurden zu markanten Kulissen. Der Begriff Kulturlandschaft ist aber insofern nicht ganz zutreffend, als er suggeriert, es gäbe einen Gegensatz zwischen einer Naturlandschaft ohne menschliche Intervention und einer Kulturlandschaft ohne natürliche Entwicklungen. Das aber ist nicht der Fall. Auf den Agrarflächen werden natürliche Entwicklungen durch Maßnahmen der Kultur in andere Richtungen gelenkt als zuvor (vor allem auf den Viehweiden), oder es gibt Phasen der menschlichen Intervention (Zubereitung des Saatbettes, Ernte) zwischen Phasen der natürlichen Entwicklung von Pflanzen (Heranwachsen und Reifung des Getreides). Allerdings sind die Landschaften von Feldern und Viehweiden klar von menschlichem Einfluss geprägt – jedoch nicht dadurch allein, sondern immer auch durch natürliche Dynamik. Natur wirkt sich überall aus, Kultur dagegen nur an bewirtschafteten Standorten.

Die Schaffung einer Abgrenzung von Wald und Offenland sowie überhaupt die Entstehung offenen Landes verändern das lokale Klima. Die Sonne erwärmt das Offenland stärker als den Wald. Die erwärmte Luft über Acker und Grasland steigt auf, die kühlere Luft aus dem Wald wird nachgesaugt: So setzt sich ein kühlendes Lüftchen vom Wald aus in dessen Umgebung in Bewegung. In der Nacht nimmt die Temperatur im Offenland stärker ab als im Wald: Nebelbänke bilden sich über der kalten Luft, die sich an der Oberfläche eines Ackers oder eines Graslandes ansammelt. Nach einem Regen geben die Blätter der Waldbäume mehr Feuchtigkeit ab: Über den Wäldern entstehen mehr Wolken als über dem offenen Land. Vom Agrarland fließt bei Regenwetter mehr Wasser oberflächlich ab, und es verrinnt schneller bei trockener Witterung. Vor allem wenn eine Ackerfläche frisch bearbeitet und nach der Einsaat der Kulturpflanzen noch nicht dicht bewachsen und die Bodenkrume außerdem locker ist, reißt abfließendes Wasser feine Bodenbestandteile mit sich; es kommt zu Bodenerosion. Die feinen Bodenbestandteile werden andernorts wieder abgelagert, vor allem in den Niederungen der Flüsse als fruchtbare Auenlehme; die Flüsse winden sich mit der Zeit in immer stärker ausgeprägten Mäandern um das von ihnen abgesetzte Sediment herum, ihre Fließgeschwindigkeit verlangsamt sich, und sie deponieren immer feineres Bodenmaterial, das ihre Strömung nicht mehr weitertransportieren kann. Das von den Gewässern erodierte Bodenmaterial setzt sich auch in den Deltas ab, die an den Mündungen der Flüsse immer weiter ins Meer hinauswachsen.

Nach der erheblichen Veränderung der Landschaft bei der Schaffung von Agrarflächen wird von Seiten der Menschen alles getan, um die Agrarlandschaft stabil zu erhalten. Die vom Menschen in Ruhe gelassene Landschaft entwickelt sich genauso weiter wie diejenige, die unter seinem Einfluss steht. Denn sie lässt sich nicht völlig stabil halten; selbst sie wird von Entwicklungen der Natur beeinflusst.

Menschen, die Ackerbau und Viehhaltung betrieben sowie in festen Siedlungen lebten, hatten zwar die tägliche Plackerei der Landwirtschaft am Hals, waren aber anderen Menschen gegenüber, die weiterhin lediglich Pflanzenteile sammelten und auf die Jagd gingen, eindeutig im Vorteil. Das Getreide ließ sich sehr gut lagern. Es stand das ganze Jahr über als hochwertiges Nahrungsmittel zur Verfügung: Man konnte sein tägliches Brot essen. Tiere und Pflanzen ließen sich auch für die Herstellung der Kleidung nutzen. Sie entstand aus Fellen oder Leder von geschlachteten Tieren, aus Wolle und Leinfasern. Populationen von Menschen, die Landwirtschaft betrieben, wuchsen rasch. Der Hunger, der unter Jägern immer wieder auftrat, raffte hier nicht viele Menschen dahin. Wenn man sich die Vorräte gut einteilte und diese nicht zerstört oder geraubt wurden, hatte man das ganze Jahr über gut zu leben. Die Entstehung der Agrarkultur steht daher in Verbindung mit einer ersten Bevölkerungsexplosion der Menschheit. Grenzen des Wachstums wurden für menschliche Populationen später erreicht als zuvor. Man konnte viel mehr Menschen auf der gleichen Fläche satt bekommen.

Zum ersten Mal – und nicht etwa erst in der Zeit der Industrialisierung – gelang es Menschen damals, durch Innovation die im Ökosystem bestimmten Wachstumsgrenzen ihrer Population zu durchstoßen und weiteres Bevölkerungswachstum möglich zu machen. Bei diesem bemerkenswerten Schritt wird die Sonderstellung des Menschen gegenüber anderen Lebewesen deutlich. Die Überwindung der Wachstumsgrenzen ist in dieser frühen Zeit kein bewusster Vorgang gewesen, die Menschen erkannten damals sicher nicht, dass es ihnen möglich war, Natur zu beherrschen, wie dies der Philosoph René Descartes im

17. Jahrhundert tat. Die Innovation ergab sich viel eher in einer Gruppe von Menschen, die den Hunger überleben wollte. Dadurch – und nicht mit der bewussten Reflexion darüber – begann sich ein Charakteristikum der Sonderstellung des Menschen herauszubilden: Es gelang und gelingt ihm immer wieder, durch Innovationen Grenzen des Wachstums zu überwinden. Jede Innovation ermöglicht eine Zunahme der menschlichen Population bzw. der Lebensqualität der Menschen. Die Triebfeder dafür ist nicht immer nur Neugier und Machtstreben über andere Menschen und die Natur, sondern auch ganz entscheidend das Erleben der menschlichen Not, die an den Wachstumsgrenzen in Erscheinung tritt, der Hungersnot, der Seuche, der Bedrohung durch Wasserfluten. Unter dem Eindruck von Not gestaltete der Mensch die Landschaft für sein Bevölkerungswachstum. Erst im Lauf der Jahrtausende wurde ihm klar, was das bedeutete; in den Grundwerken der Religion, beispielsweise der Bibel, finden sich Reflexionen darüber – ebenso wie in der Philosophie, vor allem seit der Zeit der Renaissance. Die Gestaltung der Landschaft ist zunächst ohne Planung im modernen Sinne, erst recht ohne Lenkung verlaufen.

Erkennt man diesen Zusammenhang, ist es besonders merkwürdig, dass Landwirtschaft an mehreren Orten der Erde unabhängig voneinander «erfunden» wurde. Offenbar befanden sich viele Menschen nach der letzten Eiszeit global auf einer vergleichbaren kulturellen und sozialen Entwicklungsstufe, die eine Lösung für das Überleben dringlich machte. Dass sie in dieser Situation an mehreren Orten der Erde auf Pflanzen und Tiere trafen, die sich kultivieren oder domestizieren ließen, ist ein Wunder.

Akkulturation: Landwirtschaft und Agrarlandschaft breiten sich aus

Die Möglichkeit, den Hunger zu überwinden und infolgedessen in Krisenzeiten zu überleben, machte die Agrarkultur auch für Menschen attraktiv, die in Gebieten lebten, in denen es keine wilden Gräser mit großen Körnern oder Tiere gab, welche man in einer Siedlung halten konnte. Die Errungenschaften der Agrarkultur und in ihrem Gefolge die kultivierten Pflanzen und Tiere breiteten sich in einem Prozess der Akkulturation über weite Teile der Erde aus. An vielen Orten der Erde entstanden agrarisch geprägte Landschaften. Deren Entwicklung war dort besonders kompliziert, wo sich die ökologischen Gegebenheiten von denjenigen der Ursprungsgebiete von Landwirtschaft stark unterschieden. Was die Menschen dort taten, wurde gemäß einem biblischen Auftrag für richtig gehalten: «Machet euch die Erde untertan!» Auf diese Weise gelang es, in vielen Gegenden der Erde mehr Menschen sicherer zu ernähren als zuvor und Bevölkerungsexplosionen auszulösen.

An den großen Strömen des Orients, an Euphrat und Tigris, Nil und Indus, ließ sich nur unter der Voraussetzung Landwirtschaft betreiben, dass die Felder künstlich bewässert wurden; denn in diesen Gegenden fiel zu wenig Regen für das Wachstum von Getreidepflanzen. Mit diesem Umstand hängen weitere Entwicklungen und Innovationen zusammen, auf die im nächsten Kapitel zurückzukommen sein wird. In den Waldregionen der Erde musste der Wald gerodet werden, damit die Getreidepflanzen genügend Licht zum Wachstum erhielten.

Am Mittelmeer ließen sich die kleinen Küstenebenen landwirtschaftlich nutzen. Dort hatte sich fruchtbarer Boden abgesetzt. Nicht für die Anlage von Äckern geeignet waren dagegen die steilen Berghänge, die vielerorts am Mittelmeer aufragen. Aber Ziegen und Schafe konnten dort weiden: Durch Viehwirtschaft wurden die Wälder aufgelichtet und zurückgedrängt.

Besonders weiträumig konnte sich die Landwirtschaft in den Lössgebieten Europas ausbreiten. Der Löss war wenige Jahrtausende zuvor in den Eiszeiten abgelagert worden; er enthielt besonders vielfältige Mineralstoffe, und er war leicht mit den Methoden der frühen Ackerbauern zu bewirtschaften. Sie besaßen nämlich nur Ackerwerkzeuge aus Holz, Knochen und Stein. Steiniger Boden ließ sich mit ihnen nicht bewirtschaften, aber zur Bearbeitung von Löss reichte das vorhandene Werkzeug aus. Viele Lössgebiete waren bei der Einführung von Landwirtschaft dicht bewaldet. Man musste den Wald roden, um Äcker anlegen zu können. Das Holz der Bäume war vor allem in den nördlichen, winterkühlen oder winterkalten Bereichen ein wichtiger Rohstoff, denn man brauchte Holz zum Bau von festen Häusern, zum Heizen und zum Kochen. Zur Nahrungszubereitung benötigte man Holz auch im Nahen Osten, aber dort konnte man Lehmhütten bauen; sie hielten sich dort besser, weil es weniger regnete. Lang andauernde Regenfälle oder gar Schnee hätten in nördlicheren Gebieten Lehmhütten bald zerstört.

In den Tropen brauchte man für den Bau von Hütten nicht viel Aufwand zu betreiben, man benötigte auch kein Holz zum Heizen. Das Feuer war aber für die Zubereitung der Nahrung notwendig, und außerdem nutzte man die Mineralstoffe aus dem Holz: Die Böden der Tropen sind außerordentlich unfruchtbar, sie sind arm an Mineralstoffen. Daher wurde dort sicher schon sehr früh Brandrodung betrieben; dabei gelangen die Mineralstoffe der Asche in den Boden.

Die sogenannte Ökotopengrenzlage der Siedlung

In den sanft gewellten Lössregionen Europas ließ sich nicht das gesamte Land beackern; denn in den Jahrtausenden nach der Eiszeit hatte Wasser den Löss von den Hängen vieler Täler abgespült. Man nimmt an, dass die Menschen vor einigen Jahrtausenden in den Tälern umherwanderten und auf die Suche nach geeigneten Siedelflächen gingen. Sie konnten leicht feststellen, dass sich der Boden in den Tälern nur schwer bearbeiten ließ: er war steinig. Wenn die Siedler dann den Talhang aufwärts gingen, kamen sie nach einer kurzen Strecke zum Rand des Tales und dorthin, wo der Löss liegen geblieben war, zum Rand der Lössplatten auf den Ebenen zwischen den Tälern. Genau an dieser Stelle, am Rand des Tales und am Rand der Lössplatte wurden typischerweise Siedlungen gegründet. Nach der einen Seite hin rodete man das Land und legte Felder an. Die Bäume am Talhang wurden gefällt. Oder man ließ dort das Vieh weiden, das allmählich den Gehölzbestand auflichtete. Die Häuser der Siedlung entstanden zwischen dem Ackerland und dem Gelände, auf dem das Vieh weidete und wo es jederzeit zum frischen Wasser am Talgrund gelangen konnte. Diese charakteristische Lage hatten die Siedlungen in den Lössgebieten bereits vor mehr als 7000 Jahren, wie sich bei archäologischen Ausgrabungen feststellen ließ. Archäologen wissen, dass sie bei Prospektionen von Siedlungen im Gelände immer vor allem auf die Randbereiche der Täler achten müssen: Dort finden sich die meisten Überreste früher Siedlungen in Form von Keramikbruchstücken, Feuersteinresten und Knochen.
In den folgenden Jahrtausenden wurden ländliche Siedlungen immer wieder in der gleichen landschaftlichen Situation gegründet: zwischen Acker und Viehweide. Dies sind die beiden wichtigen Ökotope einer

ländlichen Siedlung. Sie mussten voneinander getrennt werden, um zu verhindern, dass das Vieh die Kulturpflanzen fraß. Diese typische Lage lässt sich bis heute bei vielen Siedlungen des Hügel- und Berglandes erkennen. Man nennt sie Ökotopengrenzlage. Wenn man über das entsprechende Gelände verfügt und es geschickt ausnützt, kann man das Getreide von oben her direkt in das Dachgeschoss des Bauernhauses einfahren. Durch eine Luke kann man Stroh und Futter in den Stall werfen, der ein Stockwerk tiefer liegt. Das Vieh erreicht unmittelbar vom Stall aus das tiefer liegende Grünland und das Wasser im Talgrund. Die Tiere lassen sich vom Bauernhaus aus beaufsichtigen, denn man hat von ihm aus einen Ausblick über das ganze Tal – ebenso wie der Jäger der Eiszeit und der Mensch der Neuzeit, der Landschaft wahrnimmt.

Neue Werkstoffe, neues Land für die Agrikultur

Überall dort, wo der Ackerbau einsetzte, vermehrte sich die Bevölkerung. Neue Siedlungen wurden gegründet, im Lauf der Jahrtausende auch in Gebieten, in denen die Böden schwerer zu bearbeiten waren: in sandigen Regionen, zum Beispiel den breiten Tälern der Alpen, im Vorland der Alpen, auf den sandigen Ablagerungen aus der Eiszeit im Norden Mitteleuropas, sodann in den Kalkgebieten und schließlich, als es bessere Geräte zum Bodenbau gab, wurden auch die Gegenden mit steinigeren Böden auf Sandstein oder Granit besiedelt. Kalkgebiete müssen anders genutzt werden als Lössregionen. Weil Wasser Kalk löst und in den sich bildenden Klüften versickert, sind die Hügel und Hänge der Karstregionen auf Kalkuntergrund sehr trocken. Genügend Feuchtigkeit für den Ackerbau sammelt sich aber vielerorts im Talgrund. Daher liegen dort die Siedlungen von frühen Zeiten an in einer Ökotopengrenzlage zwischen dem unterhalb liegenden Ackerland und dem oberhalb liegenden Weideland für das Vieh. Oder die Siedlungen liegen unten im Tal, weil nur dort das Wasser auch für die Versorgung der Menschen in ausreichender Menge vorhanden ist. Es sammelt sich in einem Teich, der Hüle.
Im Norden Europas liegen viele Siedlungen oberhalb von Äckern und unterhalb von Weideflächen: Diese Situation entstand, weil die ober-

halb der Siedlungen aufragenden Hügel in den Eiszeiten von den Gletschern bedeckt und von lockerem Boden entblößt worden waren. An vielen Stellen wurde der nackte Fels freigelegt. Feineres Sediment wurde entweder mit dem Eis gen Süden transportiert, oder es sammelte sich in den Becken zwischen den Felsen, die nach dem Zurückweichen des Eises mit Wasser voll liefen. Als die Gletscher abgetaut waren, hob sich das Land, und die ehemaligen Meeresarme fielen trocken. Dort legte man vielerorts Ackerland an.

In vielen Landstrichen hielt man das Vieh nicht das ganze Jahr über auf Weideflächen in der Nähe der Siedlung. In den hohen Gebirgen, in den Alpen und am Rand des Mittelmeergebietes, im Kaukasus, in den Karpaten, auch in Nordeuropa, trieb man die Tiere im Sommer auf die natürlicherweise waldfreien Flächen oberhalb der Waldgrenze im Gebirge; im Herbst kehrte man in die Täler zurück. Ein Teil der Bevölkerung blieb im Tal, ein anderer zog mit den Tieren zur Sommerweide. Eine solche Almwirtschaft gab es, wie archäologische Untersuchungen zeigen, schon vor mehr als vier Jahrtausenden. Andernorts nutzte man zeitweise trocken fallende Flusstäler als Viehweiden, oder man zog mit den Tieren während des Winters in schneearme Ebenen. Alle diese Formen von Wirtschaft zeichnen sich dadurch aus, dass die Wanderrouten im Lauf der Jahre gleich bleiben. Man bezeichnet dies als Transhumanz; die Almwirtschaft ist eine besondere Form der Transhumanz. Sie ist zu unterscheiden vom Nomadismus, bei dem immer wieder andere Weideflächen aufgesucht werden. Nomadismus ist ebenso wie Transhumanz eine hoch spezialisierte Form von Weidewirtschaft, die vor allem in Trockengebieten anzutreffen ist, etwa im Inneren Asiens: Nomaden ziehen mit sehr mobilen Viehherden (zum Beispiel mit Pferden oder Kamelen) immer an den Ort, an dem gerade Regen gefallen ist und wo sich eine üppige Vegetation als Nahrungsquelle für das Vieh entwickelt hat. Sie können dort nur kurze Zeit bleiben; dann müssen sie einen anderen Ort aufsuchen, über dem der nächste Schauer innerhalb eines großen Gebietes niedergegangen ist.

Die Gruppen von Ackerbauern, die Siedlungen bewohnten und deren Wirtschaftsflächen kultivierten, waren nicht groß; sie umfassten maximal etwa einhundert Personen. Sie waren weitgehend autark und ernährten sich von den Erträgen ihres Landes. Sie waren in keinerlei Infrastruktur integriert, in keinen Staat, keine Zivilisation. Sie galten daher stets ebenso wie die Mitglieder von Jäger-und-Sammler-Kulturen als «wild» und unzivilisiert, obwohl sie Getreide anbauten und Vieh hielten. Dieses Urteil wurde von den Römern über die Germanen in Mitteleuropa ebenso gefällt wie von späteren Bewohnern im westlichen Mitteleuropa über Menschen im Osten des Kontinentes, der dann von dort aus «kolonisiert» wurde, um in das Gebiet der Zivilisation integriert zu werden. «Wilde», von denen etliche Ackerbau betrieben und Vieh hielten, andere «nur» Jäger und Sammler waren, fanden Columbus und andere Entdeckungsreisende in Amerika, es gab sie nach den Berichten auch auf den Inseln der Südsee und in den Urwäldern Afrikas und Südamerikas.

Die Verlagerung von Siedlungen

Weil die frühen Ackerbauern in keine Infrastruktur integriert waren (und einige sind es wohl bis heute nicht), mussten sie Versorgungskrisen auf eine Weise lösen, die bei zivilisierten Völkern nicht vorkam. Ließen die Bodenerträge nach (das war vor allem in tropischen Regionen bald der Fall) oder mangelte es an Bauholz, mit dem sich neue Hütten hätten bauen lassen (vor allem in Europas Lössgebieten), wurden Siedlung und Wirtschaftsflächen in ein benachbartes Landstück mit dichtem Wald verlagert. Dort konnte man Bäume fällen, um an Ort und Stelle neue Häuser zu bauen, dort ließ sich erneut Brandrodung betreiben. Archäologen stellten dies bei Ausgrabungen immer wieder fest. Die frühen Siedlungen in Europa bestanden kaum länger als einige Jahrzehnte oder allenfalls einige Jahrhunderte.

Auf den Arealen, die von den Menschen verlassen worden waren, herrschten nun wieder natürliche Prozesse vor, die ablaufen konnten, ohne dass es zu Eingriffen von Menschen mit ihren weidenden Tieren kam. Der Boden wurde nicht mehr bearbeitet, und es fand keine Ernte mehr statt. Es wurden keine Pflanzen mehr bevorzugt vom Vieh abgebissen; die zuvor vom Vieh verschmähten Gewächse wurden in ihrer Ausbreitung nun von denjenigen Pflanzen gehemmt, die vormals von den Tieren dezimiert worden waren. Auf den ehemaligen Äckern breiteten sich die einst von den Menschen bekämpften Unkräuter und später ausdauernde Kräuter aus, zum Beispiel Disteln, bald aber auch Himbeer- und Brombeergesträuch, dann höher aufwachsende Büsche und kleine Bäume, darunter Birken, Pappeln und Haselnusssträucher. Schließlich wuchsen größere Bäume auf, und die Lichtung im Wald, auf der die Siedlung und ihre Felder gelegen hatten, schloss sich allmählich. Man nennt einen solchen Prozess Sekundärsukzession, weil sich dabei im Unterschied zur Primärsukzession Böden und Vegetation nicht gemeinsam entwickelten, sondern sich eine Waldvegetation auf Böden ausbreitete, die schon zuvor unter Wald gelegen hatten und davon geprägt worden waren.

Man kann eine Sekundärsukzession eine «Rückkehr der Natur» nennen, was insofern richtig ist, als für sie die natürliche Dynamik entscheidend ist. Aber dennoch blieb das Landstück, auf dem sich der Wald schloss, von der Zeit geprägt, in der es von Menschen besiedelt worden war.

Der Untergrund hatte sich dadurch verändert, dass dem Boden an einigen Stellen Mineralstoffe entzogen worden waren. An anderen hingegen hatten sie sich angesammelt, beispielsweise Phosphate: Man kann die Ausdehnung vorgeschichtlicher Siedlungen dadurch erfassen, dass man die Mengen an Phosphat im Boden bestimmt. Überreste von Siedlungen können lange sichtbar bleiben; man findet die Reste von Gruben im Boden, in die einst die Pfosten der Häuser gesenkt worden waren. Aber auch die Formen früherer Äcker und von Wällen oder die Einschnitte von Wegen blieben möglicherweise im Gelände erhalten und geben Hinweise auf eine frühere Siedlung; man kann sie als Elemente der Historischen Kulturlandschaft, einer vormals vom Menschen geprägten Landschaft, bezeichnen.

Zum anderen entwickelten sich die Wälder nicht immer zu dem Zustand zurück, den sie vor der Rodung geboten hatten. Denn inzwischen gab es neue Baumarten in der Umgebung des ehemaligen Siedelplatzes, die sich an der Sekundärsukzession beteiligten. Auf diese Weise mögen sich die Buche, die Fichte und die Hainbuche vielerorts durchgesetzt haben. In den Pollendiagrammen, in denen die Entwicklung der Vegetation in den letzten Jahrtausenden nachgezeichnet ist, zeigt sich, dass diese Baumarten vielerorts genau in der Zeit an Bedeutung zunahmen, in der Siedlungen gegründet und nach einigen Jahrzehnten oder Jahrhunderten wieder aufgegeben wurden, in der Zeit also, in der es häufig zu Sekundärsukzessionen kam. In deren Verlauf breiteten sich zwar auch die Eichen und andere Bäume aus, die vor der Rodung in den Wäldern vorgeherrscht hatten, doch nun kamen Buchen, Fichten und Hainbuchen hinzu, und diese Baumarten konnten sich offensichtlich besser an den Plätzen durchsetzen, an denen zuvor beispielsweise die Eiche dominant gewesen war.

Stellen, die einmal in den Einflussbereich der Kultur gekommen waren, sind also auf Dauer davon geprägt, auch wenn der menschliche Einfluss geendet hat und sich die natürlichen Entwicklungen wieder allein durchsetzen. Die Landschaft bleibt davon beeinflusst, durch Spuren der Siedlungen, durch die Bäume, die sich nach der Siedlungsaufgabe wieder durchsetzten – und möglicherweise durch Erinnerungen, die Eingang in Mythen und Märchen gefunden haben.

Die Wildnis und die Zivilisation

Die ältesten Zivilisationen

In einigen Regionen der Erde, vor allem in den Waldgebieten der gemäßigten und tropischen Breiten, lebten jahrtausendelang Ackerbauern, ohne in eine feste Struktur der Zivilisation eingebunden zu sein. Sie gründeten Siedlungen und gaben sie wieder auf, wenn es an einer wichtigen Voraussetzung für den Weiterbestand ihrer Siedlung mangelte. Da sie immer nur relativ kurze Zeit an einem Ort siedelten, prägten sie zwar die Landschaft, aber ihr Einfluss war nicht so stark wie derjenige von Menschen, die innerhalb einer Zivilisation dauerhaft am gleichen Ort lebten. «Wilde» und «zivilisierte» Völker verliehen den Landschaften unterschiedliche Charakteristika. Diese können real erfassbar sein, oder sie sind «nur» Metaphern, die mit den jeweiligen Landschaften verbunden wurden.

Die ältesten Zivilisationen bildeten sich an den großen Strömen heraus, unter anderem an Euphrat und Tigris, Indus und Nil, als sich der Ackerbau allmählich von den Gebirgen, in denen sich die ältesten Ackerbaukulturen des Orients herausgebildet hatten, in die angrenzenden Tiefländer ausbreitete. Die Tiefländer an den großen Strömen des Orients waren ausgesprochen regenarm; nutzen konnte man jedoch das Wasser der Flüsse. Man musste es auf das Land in der Umgebung der Ströme leiten, um dort Getreide und andere Kulturpflanzen anbauen zu können. Die Bewässerungskanäle prägten die Landschaft. In der Reifezeit allerdings ist das trockene Klima günstig. Man kann das Getreide ohne Angst vor einem plötzlichen Wetterumschwung in jedem Jahr in bestem Zustand einfahren und seine Scheuern mit trockenem und daher haltbarem Korn füllen.

Das Wasser der Flüsse war ein knappes Gut, und daher musste es klug verteilt werden; schließlich wollten alle Menschen am Fluss davon profitieren und nicht nur diejenigen, die am Oberlauf das gesamte Wasser ableiten konnten. Daraus ergab sich die Notwendigkeit, eine Landesverwaltung aufzubauen, deren Anordnungen auf festen Wegen in weit entfernte Gegenden geleitet werden mussten: Das war die Geburtsstunde der Schrift. Staatliche Strukturen bildeten sich wesentlich deshalb heraus, weil die künstliche Bewässerung der Getreidefelder an den Flüssen reguliert werden musste und eine Zentralgewalt, die Regierung bzw. der Monarch, vielleicht auch der Tyrann, als letzte Instanz über die Verteilung des Wassers zu entscheiden hatte.

Zentren der Verwaltung wurden besondere Siedlungen, die Städte. Es gibt mancherlei Erwägungen darüber, auch ältere Orte «Stadt» zu nennen, beispielsweise Jericho, eine der ältesten Siedlungen, in der frühe Getreidebauern lebten. Doch echte Städte als Verwaltungs- oder Regierungszentren bildeten sich erst später an den großen Strömen heraus, etwa seit dem 4. Jahrtausend v. Chr. Bewässerungslandbau gab es in Mesopotamien aber schon ungefähr zwei Jahrtausende zuvor.

Städte unterschieden sich stets von ländlichen Siedlungen, und dies wirkte sich auch erheblich auf den Landschaftscharakter aus. Eine wesentliche Eigenschaft von Städten ist es, gegenüber dem Umland stärker abgeschlossen zu sein als eine ländliche Siedlung. Bei den Städten war dies bis vor wenigen Jahrhunderten ein auch äußerlich deutlich erkennbares Merkmal: Die Städte waren ursprünglich von Mauern umzogen und von Befestigungen geschützt. Ihre Mauern und Bauten sollten «für die Ewigkeit» gebaut sein. Das Staatsgebilde, das mit der Existenz der Städte verbunden war, sollte ebenfalls auf Dauer stabil sein, und die Zivilisation funktionierte nur dann, wenn der Warenaustausch und die Kommunikation der Menschen zwischen festen Punkten auf festen Verbindungswegen erfolgten. Eine Verlagerung der Siedlung wie bei den «Wilden» war tabu. Ein Stadtbewohner war ein Bürger, ein «civis», und die Bürger zusammen bildeten eine Zivilisation.

Stadt und Garten

Ebenfalls als einen abgeschlossenen Bereich dachte man sich den Garten. Stadt und Garten müssen nach außen hin geschützt sein, ihr besonderes Kennzeichen ist die äußere Begrenzung. Auf dieses gemeinsame Kennzeichen wird man schon durch die Worte verwiesen, die in verschiedenen Sprachen Stadt, Garten und äußere Begrenzung bezeichnen. Das Wort «Garten» entspricht dem lateinischen «hortus», dem italienischen «giardino», dem französischen «jardin» und dem englischen «garden». Die damit verwandten Worte bzw. Wortsilben «gorod», «hrad» oder «grad» in den slawischen Sprachen bezeichnen aber nicht den Garten, sondern die Stadt, und der «gard» in den skandinavischen Sprachen ist ein nach außen abgeschlossener (Bauern-)Hof. Das englische «town» ist mit dem Wort «Zaun» verwandt; das niederländische «tuin» ist jedoch ein Garten. Lang gestreckte Hügel, der Tuniberg genauso wie die Düne, werden mit einem Zaun verglichen und haben daher eine Bezeichnung, die mit «Zaun» und «town» verwandt ist. Abgesehen von diesen sprachlichen Verwandtschaften: Stadt und Garten tauchten zur etwa gleichen Zeit in der Geschichte auf. Gärten befanden sich bei den Städten, in ihnen wurden Gehölze angebaut, die man längere Zeit wachsen lassen musste, bevor man ihre Früchte genießen konnte, Granatapfel, Feige, Ölbaum, Wein. Man ließ die Früchte dieser Gewächse besonders geschützt hinter einem Zaun aufwachsen, weil man Diebe von ihnen fernhalten wollte. Gleiches galt für die Gewürze, die man als Zutaten in der Küche verwendete. Die würzenden Pflanzen hatte man ursprünglich auf lange beweideten Flächen gefunden. Sie hatten sich dort ausgebreitet, weil sie wegen ihres starken Geschmacks von den Weidetieren verschmäht wurden. In der städtischen, zivilisierten Küche nutzte man sie, um Speisen bekömmlicher und schmackhafter zu machen.

Zentren früher Hochkulturen

Vor allem in Mesopotamien kam es zu zahlreichen politischen und militärischen Auseinandersetzungen; die Dynasten der sich immer wieder mit anderen Zentren herausbildenden Staaten bekämpften einander und zerstörten die Infrastruktur der unterlegenen «Völker». Auf diese Art und Weise blieben die Städte des Zweistromlandes nicht ewig erhalten; sie wurden verlassen, aber Ruinen ihrer prachtvollen Architekturen blieben bis auf den heutigen Tag stehen. Sie prägen seitdem die Landschaften des Gebietes, und zwar viel stärker als diejenigen, in denen temporär «Wilde» siedelten. Die immer wieder aufflackernden Auseinandersetzungen sind sicher zum Teil Ausdruck des Kampfes um Wasser gewesen. Aber sie wurden auch durch die um sich greifende Bodenversalzung beeinflusst: Auf Ackerflächen im heißen und trockenen Klima, die künstlich bewässert wurden, verdunstete das Wasser, und die darin gelösten Salze blieben auf den Flächen zurück. Nach einigen Jahrhunderten wurde die Gerste zur wichtigsten Kulturpflanze; im Unterschied zu anderen Getreidearten machte ihr nämlich ein geringer Salzgehalt des Bodens nichts aus. Später konnten überhaupt keine Kulturpflanzen mehr angebaut werden, wo zuvor künstlich bewässert worden war. Steppen und Wüsten breiteten sich aus, in denen nur Pflanzen wuchsen, die das bei der Verdunstung von Wasser zurückbleibende Salz ertragen konnten. In den Steppen und Wüsten Syriens und des Iraks blieben Ruinen von ehemals blühenden Städten zurück, die von ihren Bewohnern verlassen wurden, als die gesamte Landschaft versalzen war.

Einen größeren Grad an kultureller Stabilität gab es entlang des Nils; auch dort wurde Land künstlich bewässert. Die gesamte Infrastruktur im alten Ägypten war auf die im Jahreslauf wechselnden Wasserstände des Nils ausgerichtet. Herrschte im von tropischem Klima geprägten Quellgebiet Regenzeit, führte der Fluss reichlich Wasser und trug düngende Mineralstoffe heran, die durch Kanäle auf die Felder gelangten. In den anderen Jahreszeiten, wenn an den Quellen des Stromes Trockenzeit herrschte, kam nur wenig Wasser den Nil herunter. Dann nutzte man den Fluss nur noch als Verkehrsweg, nicht aber zur künstlichen Bewässerung. Auf den Feldern reifte zu dieser Zeit das Korn heran, und man konnte das Getreide auf völlig abgetrockneten Feldern ernten. Die Herrscher des Landes, die Pharaonen, erbauten gewaltige Monumente, insbesondere die Pyramiden, die über die Jahrtausende erhalten blieben und heute zusammen mit der sie umgebenden Wüstenlandschaft bestaunt werden.

Auch die Entwicklung der Zivilisation im alten China hatte mit der Verteilung von Wasser zu tun. Dort aber ging es weniger um künstliche Bewässerung als um den Anbau von Wasserreis. Reis kann ebenso wie Weizen oder Gerste auf trockenem Boden angebaut werden. Dieser so genannte Bergreis liefert aber geringere Erträge als der Wasserreis, den man seit dem späten 3. Jahrtausend v. Chr. auf flach überstauten Feldern kultiviert. Im Wasser vermehren sich Mikroorganismen, die Stickstoff aus der Luft fixieren und ihn in Stickstoffverbindungen einbauen, die von den Pflanzen unbedingt zum Wachstum benötigt werden: Sie gehören zu den wichtigsten Mineralstoffen, mit denen Pflanzen ansonsten gedüngt werden müssen. Die Mikroorganismen in den Wasserbecken sorgen für die Düngung des Wasserreises und infolgedessen für erheblich höhere Erträge als beim Bergreis. Um möglichst viele Becken für den Anbau von Reis auch in hügeligem oder bergigem Gelände anlegen zu können, entstanden umfangreiche Terrassenanlagen: Sie gehören bis heute zu den großen Attraktionen der Landschaften Südostasiens. Die Verteilung des Wassers und dessen Leitung über die terrassierten Hänge setzten ebenfalls eine Administration voraus; dies war mit ein Grund für die Entstehung alter chinesischer Staaten zur gleichen Zeit, in der die ersten landschaftsprägenden Kulturen von Wasserreis angelegt wurden.

Auch die Herausbildung der Hochkulturen in Mittel- und Südamerika stand offenbar mit der Anlage von Bewässerungssystemen in Verbindung. Ebenfalls hier entstanden charakteristische, weltberühmte Landschaften.

Die Ausbreitung der Zivilisation am Mittelmeer

Neben den schon genannten Problemen der alten Kulturen am Zweistromland bestand dort auch ein Mangel an mineralischen Werkstoffen, an Metallen. Diese gab es hingegen in den Gegenden rings um das Mittelmeer. Vielleicht war das mit ein Grund dafür, dass die vorderasiatischen und die mediterranen Länder in intensiven Kontakt kamen und sich die Zivilisation im Mittelmeergebiet ausbreitete. Allerdings zeigte sich immer wieder, dass Zivilisationen und «Nicht-Zivilisationen», die von «Wilden», Unzivilisierten, gebildet wurden, auf Dauer nicht nebeneinander bestehen konnten. Letztlich gingen aus solchen «Begegnungen» immer die Zivilisationen als Sieger hervor, wohl vor allem deswegen, weil es in ihrem Einflussbereich ein stärkeres Bevölkerungswachstum gab und sich Reichtümer anhäuften.

In den kleinen Ackerbaugebieten der Küstenebenen am Mittelmeer entwickelten sich seit dem zweiten vorchristlichen Jahrtausend Staaten, die mit denjenigen im Nahen Osten im Kontakt standen. Die Herrscher bauten Burgen, von denen sie (natürlich von oben her, eine weite Aussicht nutzend) das Land überblicken konnten. Diese Zentren der Macht, auf Kreta und in der Argolis oder in Athen, prägen die Landschaften bis heute. Das Land, das man gut bebauen konnte, war eng begrenzt.

Denn in den steil aufragenden Gebirgen, die die mediterranen Küsten-ebenen umschließen, kann man nicht dauerhaft Ackerbau betreiben; versuchte man dies dennoch oder holzte man die Wälder der Bergländer ab, so wurde im Winter, bei den für das Mittelmeergebiet typischen erheblichen Regenfällen, die Bodenkrume abgeschwemmt. Fruchtbare Bodenbestandteile sammelten sich in den Ebenen an. Manche Hänge konnte man terrassieren; dort wurde beispielsweise Wein angebaut. Terrassenlandschaften am Mittelmeer sind genauso spektakulär wie die entsprechenden in China oder Südamerika; besonders bekannt sind die Terrassenhänge an den Berghängen des Apennin, in der Toskana. Die Berge waren sonst nur für die Weidewirtschaft nutzbar. Es entstan-den charakteristische Weidelandschaften, Macchie und Garrigue sowie diverse Varianten. Insgesamt führte die enge Nachbarschaft von frucht-baren Küstenebenen, die intensiv agrarisch bewirtschaftet wurden, und schroff aufragenden Bergen, auf denen Hirten mit ihren Weidetieren lebten, zu einem charakteristischen engen Miteinander von Bauern und Hirten sowie der Landschaften, die von ihnen genutzt wurden. Ver-schwand eine bäuerliche Kultur, dehnten die Hirten aus den Bergen ihre Weidegebiete bis an die Küsten aus. In der Landschaft, die nun besiedelt wurde, blieben jedoch Überreste der verschwundenen ehemaligen Kul-tur erhalten.

In allen Küstenebenen des Mittelmeergebietes herrschen ähnliche kli-matische Bedingungen: Im Winterhalbjahr regnet es viel, zuweilen stark, im Sommer gibt es wochenlang Trockenheit. Arktische Luftmas-sen können das gesamte Mittelmeergebiet erreichen, daher sind die Landschaften am Mittelmeer frostgefährdet. Dennoch überleben frost-empfindliche Gewächse in den meisten Jahren. Weil bei ähnlichen kli-matischen Bedingungen auch vergleichbare Standortbedingungen für das Pflanzenwachstum herrschten, konnten zahlreiche Kulturpflanzen, die zunächst nur in einem Teilgebiet des Mittelmeerraumes wuchsen, auch in andere Küstenebenen gebracht werden. Unter menschlichem Einfluss kam es daher zu einer Ausbreitung zahlreicher Kulturpflanzen im gesamten Mittelmeerraum. Überall im mediterranen Gebiet ent-standen ähnliche landwirtschaftliche Kulturen, die die Landschaft prägten. Einige der Gewächse, die man heute für typisch mediterran hält, stammten mutmaßlich aus dem Vorderen Orient, darunter Feige, Granatapfel und Ölbaum. Wein wurde ebenfalls im gesamten Mittelmeergebiet angebaut, sowohl in den Ebenen wie im Hügelland als auch auf Terrassen. Neben den zahlreichen Gewürzen, die man aus dem Nahen Osten übernommen hatte, gab es weitere, die von den Weidegebieten der Berge am Mittelmeer stammten. Neue Arten von nutzbaren Bäumen wurden gepflanzt: Walnuss und Esskastanie, Apfel, Birne und Kirsche, die man auch in kühleren Gegenden anpflanzen konnte, weil sie weniger empfindlich gegen Kälte waren. Ein wärmeres Klima brauchten Pfirsich- und Mandelbäume sowie Pinien. Letztere wurden in einer besonderen Weise geschnitten, damit sie möglichst viele Zapfen mit schmackhaften Pinienkernen ansetzten. Man gab ihren Kronen eine Schirmform. So kam man mit speziellen Pflückgeräten besser an die Zapfen heran. Zitrusfrüchte wurden im Mittelmeergebiet erst in den letzten Jahrhunderten angepflanzt; man übernahm sie aus Gebieten Südostasiens, die ein ähnliches Klima aufweisen.

Bei vielen typischen Pflanzen des Mittelmeerraumes weiß man nicht genau, in welcher Gegend sie zum ersten Mal in Kultur genommen worden sind. Man findet sie überall am Mittelmeer; sie wurden Bestandteile einer «mediterranen Durchschnittslandschaft», auf die man in der Levante genauso treffen kann wie in Italien, Südfrankreich und Spanien.

Zwischen den zunächst kleinen, dann immer größeren Staatsgebilden des Mittelmeerraumes entwickelten sich Handelsbeziehungen. Über sie wurden Erze und andere Bodenschätze ausgetauscht und immer dann, wenn es notwendig war, auch Kulturpflanzen. Die Staaten sicherten sich so gegen Naturkatastrophen ab. Sie können am Mittelmeer immer wieder auftreten. In einigen Regionen gibt es häufig Erdbeben, die katastrophale Tsunamis auslösen können. An manchen Orten ragen Vulkane auf, deren Ausbrüche seit Jahrtausenden gefürchtet sind, man denke nur an Stromboli, Vesuv und Ätna. Ein Vulkanausbruch konnte nicht nur Tausende von Menschenleben kosten, sondern auch fruchtbare Landstriche auf lange Zeit vernichten. Die häufigsten Ursachen, die zur Zerstörung von landwirtschaftlichen Kulturen und ganzen Landschaften am Mittelmeer führten und führen, waren jedoch Wald- und Flächenbrände sowie die schon erwähnten Kaltluftvorstöße, die seit antiker Zeit Ölbäume, heute vor allem Anpflanzungen von Zitrusfrüchten vernichten. Nach einer solchen Katastrophe musste man bestimmte Küstenebenen über das Meer mit dem Notwendigsten versorgen. Weil Erdbeben, Vulkanausbrüche, Flächenbrände und Kaltluftvorstöße regional mehr oder weniger stark begrenzt auftraten, wurden nur einzelne Küstenebenen geschädigt, niemals das gesamte Mittelmeergebiet.

Bedeutendstes Zentrum wurde in antiker Zeit schließlich Rom. Die Stadt wuchs besonders stark, und sie musste daher aus einem weiten Umland heraus, bis hin zu den nur übers Meer erreichbaren Kolonien, mit Getreide versorgt werden. Die Landwirtschaft wurde durchorganisiert, wovon wichtige landwirtschaftliche Lehrbücher Zeugnis ablegen, die zum Beispiel von Columella, aber auch von Vergil und anderen stammen. Ein Villensystem wurde aufgebaut: Die Landhäuser gehörten Landwirten, die man als Unternehmer bezeichnen kann. Sie erwirtschafteten Überschüsse, die sie in den Städten verkauften. Die Villenbesitzer hatten sowohl ihr Land als auch die zahlreichen Menschen zu überwachen, die für sie arbeiteten: Ihre Häuser hatten daher die schon erwähnten Balkone, und die antiken Villenbesitzer waren die Ersten, von denen wir wissen, dass sie Eindrücke über konkrete Landschaften aufzeichneten, allerdings noch nicht so intensiv wie die Menschen der Renaissance. Römische Villen sollten übrigens, so meinten antike Agrarschriftsteller, idealerweise am Abhang von Hügeln angelegt werden, nicht im Talgrund und auch nicht auf windigen Höhen. Eine derart angelegte Villa befand sich also in einer Ökotopengrenzlage, zwischen dem Ackerland auf der Höhe und dem Weideland im Tal.

Zivilisierte und «Barbaren»

Die antiken Zivilisationen standen im Kontakt zu den unzivilisierten, «barbarischen» Völkern in anderen Teilen Europas, Asiens und Afrikas. Mit ihnen tauschten sie Waren aus, und immer wieder drangen «Barbaren» aus dem Norden in das Mittelmeergebiet vor, vielleicht vor allem deswegen, weil die Zivilisierten nicht nur Vorräte an lebensnotwendigen Nahrungsmitteln besaßen, sondern sich auch Reichtümer bei ihnen ansammelten. Wegen der sichereren Lebensbedingungen nahm die zivilisierte Bevölkerung stärker zu. Zivilisationen und Wilde verstanden sich gegenseitig nicht. Für zivilisierte Menschen ist nicht verständlich, warum die «Wilden» «wandern», also Wohnplätze und Wirtschaftsflächen verlassen, um sie andernorts neu zu gründen. Dies war charakteristisch für sie, und daher nannten die alten Griechen eine solche Völkerschaft «Ionier». Das heißt nichts anderes als «Wanderer».

Vor allem die Römer dehnten den Bereich der Zivilisation über die einigermaßen sicheren Grenzen der Gebirge nach Norden aus, ins Gebiet jenseits der Alpen. Die dort lebenden zivilisierten Menschen wurden von diesem Zeitpunkt an mit zahlreichen Elementen der mediterranen Kultur versorgt; kälteempfindliche Pflanzen wie Feigen-, Pfirsich-, Mandelbäume, Pinien und Ölbäume wachsen im Gebiet nördlich der Alpen nicht. Getreide allerdings ließ sich in Germanien, Gallien und Britannien intensiver anbauen als zuvor, und es entwickelten sich neue Versorgungslinien. Auch das Villensystem mit der davon geprägten Landschaft aus dem Süden wurde im Norden übernommen. Wein ließ sich in vielen Gegenden anbauen, nördlich der Alpen vor allem auf von der Sonne stark beschienenen Südhängen, die daher terrassiert wurden, ehe man sie mit Reben bepflanzte. Außer den Weingärten entstanden unter dem Einfluss der Römer und in der Nachbarschaft von ortsfesten Siedlungen Gärten für den Anbau von Obst, Gemüse und Gewürzen.

Ein sehr schwieriges Unterfangen war die Abgrenzung gegenüber den «Wilden». Die Römer errichteten den Limes und Hadrians Wall als Schutz vor ihnen. Ebenso hatten die Chinesen schon in etwas früherer Zeit begonnen, die Große Mauer gegen «Wilde» aus dem Inneren Asiens aufzurichten. In weiten Gebieten Europas und Asiens hielten sich die «Wilden», die entweder als Nomaden bzw. Jäger lebten oder ihre Siedlungen und landwirtschaftlichen Kulturen immer wieder verlagerten. Die Kraft der Infrastruktur, die von Römern und Chinesen ausging, reichte bei weitem nicht aus, um den gesamten eurasiatischen Doppelkontinent zu zivilisieren. Es gab sogar Rückschläge: In der Zeit um Christi Geburt und in den nachfolgenden Jahrhunderten mussten die Römer große Gebiete, die sie bereits zivilisiert hatten, wieder räumen und sie germanischen «Barbaren» überlassen. Römische Schriftsteller vermuteten, Charakteristika der Landschaft, die weiten Wälder und Sümpfe Germaniens, seien der Grund dafür gewesen, dass die Römer nicht dauerhaft weiter ins Innere des Kontinentes vorstoßen konnten. Schließlich kam es zu einer erneuten Ausbreitung «wandernder» Kulturen in der so genannten Völkerwanderungszeit, und der Bereich zivilisierter Kulturen wurde kleiner.

DÖRFER UND IHRE ÄCKER

Der weitere Siegeszug zivilisierter Kulturen und ihrer Landschaften gelang politischen Herrschern, Handeltreibenden und der christlichen Kirche gemeinsam. Kaiser Karl der Große, unter dem die Zivilisierung Europas weit nach Norden und Osten ausgeweitet wurde, erließ in seinem Gesetzeswerk *Capitulare de villis* ein Verbot, Siedlungen wieder aufzugeben. Die christliche Kirche setzte sich dafür ein, dass Kirchengebäude, die Heiligen geweiht waren, nicht wieder verlassen wurden. Meistens wurden diese Regeln eingehalten. In der Westhälfte Europas, einem Gebiet, in dem sich dank der fruchtbaren Böden auf Löss und eiszeitlichen Moränen eine unzivilisierte Ackerbauregion so lange wie nirgends sonst auf der Welt erhalten hatte, entwickelte sich nun eine stabile und wirtschaftlich besonders erfolgreiche Siedlungslandschaft.

Europäische Dörfer des Mittelalters

Die Dörfer entwickelten sich aus Siedlungen, die in Ökotopengrenzlage gegründet worden waren und vielleicht erneut verlagert worden wären, hätten Staat und Kirche dies nicht zu verhindern gewusst. Oft wurden kleinere Weiler aufgegeben und den größer werdenden Dörfern zugeschlagen, oder alle Weiler wurden verlassen und als Dorf in Ökotopengrenzlage neu gegründet. Mittelpunkt des Dorfes war das Kirchengebäude. Dorthin wurden alle Dorfbewohner zu bestimmten Zeiten zum Gebet gerufen. Dadurch wurde der Tageslauf strukturiert, was vor allem in solchen Gegenden wichtig war, wo die Tage im Sommer besonders lang, im Winter besonders kurz sind, nämlich im Norden Mitteleuropas und in Skandinavien. Dörfer im Westen Europas erhielten im Mittelalter eine straffe Gliederung durch ihre Einbeziehung in das Lehnswesen. Dies war mit erheblichen Landschaftsveränderungen verbunden. Die Dorfbauern besiedelten gemeinsam eine Gewannflur, die aus drei Feldern bestand. Jeder Bauer hatte Ackerland in jedem der drei Felder oder Gewanne. Die einzelnen Ackerbeete waren lang und schmal, es gab keine Wege zwischen ihnen. Sie mussten nacheinander bestellt und abgeerntet werden, wobei die bereits bestellten oder abgeernteten Ackerbeete des Nachbarn befahren werden mussten. Daher war die Einhaltung des Flurzwanges notwendig: Auf einem ersten Gewann wuchs Wintergetreide heran, das im Herbst ausgesät worden war und früher als die Sommerfrucht geerntet wurde, die auf einem zweiten Gewann erst im Frühjahr ausgebracht wurde; das dritte Gewann blieb brach liegen und wurde von Tieren beweidet (und auf diese Weise gedüngt). Im nächsten Jahr fand ein Fruchtwechsel statt: Das Wintergetreidefeld aus dem ersten Jahr wurde mit Sommerkorn bestellt, das Sommergetreidefeld aus dem Vorjahr wurde zum Brachfeld und das ehemalige Brachfeld zum Gewann des Winterkorns. Über die Einhaltung des Flurzwangs wachte der Grundherr oder Maier; er war auch für die Abgaben verantwortlich, die alle Bauern gemeinsam aufzubringen hatten und die an Burgherren, Klöster oder Städte geleitet wurden. Die Abgabenleistung der Dörfer ermöglichte die Versorgung von Menschen, die keine Landwirtschaft betrieben, dafür aber wirtschaftliche oder kulturelle Entwicklungen beförderten.

Unterhalb der Dörfer lag ebenso wie bei Siedlungen früherer Zeiten das Grünland. Dort weidete nicht nur das Vieh, sondern man legte auch Wiesen an, deren Gras geschnitten und zu Heu als Winterfutter getrocknet wurde. Weil den Wiesen mit jedem Grasschnitt erhebliche Mineralstoffmengen entzogen wurden, musste man den Entzug durch Düngung kompensieren. Zu diesem Zweck ließ man mineralstoffhaltiges Wasser aus Gräben, die am Talrand entlang gezogen wurden, über die Wiesenhänge rieseln. In der Zeit der winterlichen Stallfütterung sammelte sich Dünger an: Der Mist wurde im Frühjahr auf den Ackerflächen verteilt. Um ihn nicht an die Parzelle des Nachbarn zu verlieren, pflügten die Bauern zur Mitte ihres Ackerbeetes hin, das davon mit der Zeit eine zur Mitte hin gewölbte Form erhielt: Man nennt solche Äcker Wölb- oder Hochäcker.

Das Vieh weidete in den Allmenden rings um die Gewann- oder Kernflur. Die Allmenden gehörten den Bauern gemeinschaftlich, sie waren nicht in privatem Besitz. Die mit Bäumen bestandenen Flächen der Allmende waren (und blieben) nur dann dichte Wälder, wenn sie nicht beweidet wurden. Andere Gehölzbereiche wurden durch Holznutzung und Beweidung immer weiter aufgelichtet und zu Hudewäldern (Hutwäldern) oder zu Heiden umgewandelt. Offenere Heide und dichterer Hutwald waren nicht klar voneinander abgetrennt, sondern gingen allmählich ineinander über. In den lange Zeit genutzten Hudewäldern überdauerten nur wenige Bäume. Ungehindert von Nachbargehölzen dehnten sie sich in die Breite aus. Sie verloren einzelne Äste, doch die

Bäume wuchsen weiter, indem die Abbruchstellen von Holz überwallt wurden. Die Bäume der Hudewälder, vor allem Eichen, nahmen ein immer knorrigeres Aussehen an. Die Bauern förderten die Ausbreitung von Eichen, denn man wünschte sich, dass sie möglichst viele Eicheln für die Mast gaben. Im Herbst trieb man die Schweine unter die Bäume und schüttelte die Eicheln mit langen Stangen herunter. So wurden die Tiere vor dem Schlachten gemästet. Die Flächen von Hudewald und Heide dehnten sich immer weiter aus, die dichten Wälder hingegen schrumpften.

Neben Gewanndörfern gab es auch Einzelhofsiedlungen mit blockförmigen Fluren oder entlang von Wegen angeordnete, lang gestreckte Siedlungen. Von ihren Höfen aus wurden einzelne Hufen bewirtschaftet, die direkt hinter den Anwesen lagen. Oder es bestanden große Gutsbetriebe, von denen aus ein arrondierter Besitz bewirtschaftet wurde; neben dem Gutshof lagen Gutsdörfer, in denen die Landarbeiter wohnten. Oft wandelten sich die Formen der ländlichen Siedlungen im Laufe der Zeit. Dann wurden Einzelhofsiedlungen zu größeren zusammengefügt, oder man ging den umgekehrten Weg, beispielsweise bei der Vereinödung im Alpenvorland, wo Einzelhöfe außerhalb der Dörfer angelegt wurden. Aus manchen Gewanndörfern wurden Gutsdörfer, Haufendörfer wurden zu Straßendörfern. Diese Veränderungen konnten leicht dazu führen, dass die Dorfgrundrisse und die Lebensverhältnisse der Bauern von Grund auf verändert, darüber hinaus sogar die Fluren neu eingeteilt wurden, so dass sich die Siedlungslandschaften völlig wandelten.

Weil die Bevölkerung wuchs, brauchte man immer mehr Anbauflächen. Auch ungünstige Lagen wurden zu Landwirtschaftsregionen. An Hängen entstanden Ackerterrassen, die man anders pflügte als die Wölbäcker: Die Scholle musste stets hangaufwärts gewendet werden, um Bodenerosion so weit wie möglich zu verhindern.

Städte des Mittelalters

Die Städte entstanden in anderer geographischer Lage als die Dörfer, entweder auf einem Bergsporn oder (meistens) dicht am Wasser. Dann konnte eine Mühle als Dienstleistungszentrum in das Stadtgebiet eingeschlossen werden. Dort wurde unter Nutzung der Wasserkraft Korn gemahlen, Holz gesägt, Erz und Metall verarbeitet. Bei vielen Städten reichte das Gefälle der Flüsse für den Betrieb der Mühlen nicht aus. Daher staute man das Wasser an; der Mühlenstau ließ große Mühlteiche entstehen. Der vielleicht größte von ihnen ist der Mälarsee in Schweden, den man im 13. Jahrhundert von der Ostsee abtrennte, um Stockholms Mühlen antreiben zu können. Große Seen entstanden auch in Hamburg (die seenartig erweiterte Alster) und in der Umgebung von Berlin; der Rückstau des Mühlwehres der Stadt Brandenburg reicht bis in das Gebiet des Wannsees zurück. Der ursprünglich schmale Fluss Havel wurde dadurch seenartig erweitert, so dass er den Charakter eines breiten Stromes annahm. Sein Wasser fließt allerdings nur sehr langsam.

Die Städte entwickelten sich zu Marktorten, zu Zentren der Verwaltung, der geistlichen und weltlichen Kultur, des Handels. Städte konnten nicht ohne ländliches Umfeld bestehen; dagegen hätten ländliche Siedlungen ohne Städte existieren können. Wegen der wirtschaftlichen und kulturellen Stärke der Städte entwickelte sich jedoch ein umgekehrtes Abhängigkeitsverhältnis: Die Städte wurden die in jeder Hinsicht führenden Zentren. Zwischen den Städten und den Dörfern gab es Verkehrswege, die allerdings noch nicht genau fixiert waren. Die Fuhrleute legten neue Fahrspuren neben alte, wenn die schon vorhandenen vom Regen durchweicht waren. Mittelalterliche Straßen bestanden aus zahlreichen nebeneinanderliegenden Fahrspuren. Die Städte wurden ebenfalls durch Straßen miteinander verbunden, so dass ein überregionaler Warenaustausch möglich wurde.

Kolonisierung von Neuland

Auf Straßen und auf dem Wasserweg konnten nun auch Gegenden versorgt werden, in denen vor Einführung der Zivilisation aufgrund starker und hinderlicher Einflüsse der Natur ein regelmäßiges Siedeln und Überleben nicht möglich gewesen war. In jedem Gebiet, das man zusätzlich besiedelte, änderte sich der Landschaftscharakter.

Im hohen Gebirge drohten Kälteeinbrüche, oder der Schnee blieb zu lange liegen, um eine rechtzeitige Felderbestellung zu ermöglichen.

Die wichtigsten Quellen für den Lebensunterhalt der Gebirgsbewohner waren der Verkauf von Holz sowie die Gewinnung und Weiterverarbeitung von Erzen. Die Gebirgler mussten sie auf die Märkte bringen, um dafür Lebensmittel erwerben zu können.

Die fruchtbaren Marschen an der Meeresküste wurden bei hohen Fluten mit Salzwasser überschwemmt. Es ließ die salzempfindlichen Kulturpflanzen auf den Feldern absterben. Überdies gab es dort kein Bauholz; denn auf sporadisch von Salzwasser überfluteten Flächen wachsen hierzulande keine Bäume. Man deichte diese Gebiete ein, schuf also Landschaften eines ganz neuen Typs, so dass man dort Vieh halten und Kulturpflanzen anbauen konnte. Die dabei erzielten Erträge waren dank der fruchtbaren Böden hoch; aber die Marschbauern waren auch gezwungen, Überschüsse zu erzielen, um Holz erwerben zu können – und gelegentlich Nahrungsmittel und andere notwendige Rohstoffe, im Anschluss an immer wieder drohende Deichbrüche, nach denen sich Sturmfluten in das niedrig liegende Marschland ergossen.

Moore waren in manchen Jahren zu feucht für die Bewirtschaftung. Man konnte sie trockenlegen, den Torf abbauen und diesen als Heizmaterial verwenden. Die Moorbauern brauchten gute Transportwege, um Torf zu den Verbrauchern und im Austausch dagegen Holz ins Moor zu bringen. Anstelle der Moore entstanden Agrarlandschaften.

Im Norden Europas waren viele, aber nicht alle Sommer lang genug, um das Korn heranreifen zu lassen. Weil es Verkehrswege und Handelsgüter gab, die christliche Kirche überdies zum Teilen des Brotes mit den Hungrigen aufforderte, war es nun möglich, auch Gebiete dauerhaft zu versorgen, in denen es häufiger zum Totalausfall der Ernten kam. Die Gegenden im Norden Europas ließen sich ähnlich nutzen wie hohe Gebirge in der Mitte des Kontinents: Es gab dort manchenorts erhebliche Mengen an Erz, außerdem viel Holz. An Nord- und Ostsee entstand ein Handelsnetz, das sich wesentlich von dem am Mittelmeer unterschied: An jeder Küste existierten bestimmte Rohstoffvorkommen, die an anderen Küsten fehlten. So kam es zu einem erheblich umfangreicheren Austausch von Gütern als am Mittelmeer in antiker Zeit. Es entstanden Hafenanlagen, Schiffe und Organisationen, die man brauchte, um andere Kontinente in den Handel einbeziehen zu können.

Nutzung und Übernutzung

Zunächst in Europa, später auch in anderen Kontinenten befassten sich die Grundherren mit der Nutzung von Rohstoffen; sie betrieben Bergbau und rodeten Wälder. Viele Bodenschätze gab es vor allem in unwirtlichen Gegenden der hohen Gebirge, im Norden Europas oder in anderen Kontinenten, und diese Gebiete waren auch noch dichter bewaldet; in der Nähe der Städte waren die Wälder bald weitgehend zurückgedrängt worden. Zum Abbau und zur Verarbeitung etlicher Bodenschätze brauchte man große Mengen an Holz. Holz wurde verfeuert, um die hohen Temperaturen zum Schmelzen von Erz und Glas, zum Brennen von Kalk, Ziegeln und Keramik zu erzeugen. Weithin drohte bald Holzmangel, wie schon in der Antike am Mittelmeer. Die Länder an der Küste konnten dem Holzmangel begegnen, indem sie Holz auf dem Wasserweg bezogen. Es kam, im Schlepptau von Segelschiffen, über das Meer, später als Schiffsladung aus Übersee, aus den Kolonien Englands, der Niederlande und Frankreichs. Holz wurde auch aus dem Innern des Kontinentes flussabwärts geflößt, zum Beispiel in die Niederlande. In manchen europäischen Mittelgebirgen, unter anderem in Böhmen, im Erzgebirge und im Harz, lagen im Mittelalter und in der frühen Neuzeit die weltweit bedeutendsten Abbaugebiete von wichtigen Rohstoffen, zum Beispiel Silber. In diesen Gebieten machte sich der Holzmangel besonders stark bemerkbar, der vor allem als ökonomisches, weniger als ökologisches Problem wahrgenommen wurde. Gab es kein Holz mehr, dann war die einträgliche Flößerei nicht mehr möglich, und es konnte kein Erz mehr verarbeitet werden.

Es ist daher kein Wunder, dass die Propagierung des Nachhaltigkeitsprinzips ihren Ausgangspunkt bei der Waldwirtschaft in Mitteleuropa hatte. Hanns Carl von Carlowitz, sächsischer Oberberghauptmann, der in erster Linie für die Bergwerke im Erzgebirge, in zweiter Linie auch für die Bewirtschaftung der Wälder zuständig war, schrieb 1713, es dürfe künftig keinem Wald mehr Holz entnommen werden, als zugleich nachwuchs. Davon ausgehend wurde die Forderung nach Aufforstungen und Neubegründungen von Wäldern erhoben. Der heutige erneute Waldreichtum Deutschlands geht darauf zurück.

Auch andere Bereiche der Landschaft zeigten am Ende des Mittelalters und in der frühen Neuzeit deutliche Spuren von Übernutzung. Die Er-

träge ließen nach. Auf überweideten Flächen wurde die Vegetations-
decke zerstört, so dass freigelegter Sand vom Wind zu Dünen aufgeweht
wurde. Es mangelte an Dünger, Wagenspuren zerstörten immer wieder
Teile von Feldern, und auf den landwirtschaftlichen Flächen ließ sich
nicht rationell arbeiten. Auf der anderen Seite nahm der Bedarf an Le-
bensmitteln ständig zu, denn vor allem die städtische Bevölkerung
wuchs, und deren Ansprüche an die Nahrungsmittelversorgung ebenfalls.

Zur Aufforstung kam es vor allem zunächst in Mitteleuropa. Reformen
der Agrarlandschaft wurden dagegen auch in anderen Ländern Europas
ergriffen. Straßen wurden zu Alleen: Baumreihen und Gräben sollten
das seitliche Ausweichen von Gespannen verhindern. Der Straßenkör-
per wurde befestigt, «chaussiert». Die schmalen Äcker der Gewanne
wurden zu größeren Flurstücken verkoppelt. Der Begriff «Verkoppelung» bedeutet, dass kleine Ackerstücke miteinander verbunden wurden. Die Koppeln wurden von Hecken umzogen. So ließen sie sich zur
intensiveren Viehhaltung nutzen. Man brauchte keine Hirten mehr,
denn die Tiere wurden nicht mehr wie bisher in offene, zaunlose Heiden und Wälder getrieben. Die bisher beweideten Allmenden wurden
entweder zu Wald, der vorrangig der Holzproduktion zu dienen hatte,
oder sie wurden unter den Bauern des Dorfes aufgeteilt. Bei dieser so
genannten Markenteilung legte man weitere Felder an, die Koppeln äh-
nelten. Pflanzte man die Sträucher der Einfassungen von Koppeln auf
Wälle, ließ sich auch Brennholz gewinnen; die Tiere kamen nicht an die
Basis der Sträucher heran. Neue Holztriebe konnten in die Höhe wachsen, die nach wenigen Jahren geschlagen werden konnten. Um mehr
Futter zu ernten, wurde die Wiesenbewässerung perfektioniert. Dafür
legte man Grabensysteme an, die mineralstoffreiches Wasser weithin
verteilten. Große Sumpflandschaften wurden trockengelegt, darunter
auch diejenigen, die erst nach der Einführung des mittelalterlichen
Mühlenstaus entstanden waren. Weil man zu diesem Zweck Mühlen-
dämme öffnen und Wassermühlen stilllegen musste, baute man ersatz-
weise Windmühlen. Vor allem in den Niederlanden nahm die Anzahl
der Windmühlen enorm zu.

Die Landreformen, zum Teil auf der Grundlage des Nachhaltigkeitsprinzips, wurden im 18. Jahrhundert begonnen, in einer Zeit, als Kohle
und Erdöl noch nicht in Massen zur Energiegewinnung zur Verfügung

standen. Mit ihnen ließ sich später die Lücke beim Energiebedarf schließen. Erst dann gelang es, Holz als Rohstoff großenteils zu substituieren, so dass das Nachhaltigkeitsprinzip in den Wäldern umgesetzt werden konnte. Die landwirtschaftlichen Erträge stiegen, weil die Bauern günstigen Mineraldünger zukaufen konnten, der mit der Eisenbahn und später mit Lastkraftwagen und Traktorgespannen herangeschafft wurde.

Das Leben der Bauern in den Dörfern des 19. und frühen 20. Jahrhunderts und das Aussehen der Landschaften, die von ihnen geprägt wurden, wurden von einer Vielzahl von Aspekten beeinflusst: der Zunahme der Erträge, der Verkoppelung (als man sie in späterer Zeit fortsetzte, nannte man sie Flurbereinigung), der Markenteilung, der Technisierung der Landwirtschaft, der Bauernbefreiung aus der Grundherrschaft, womit die Bauern den städtischen Bürgern gleichgestellt wurden, und der Einführung des landwirtschaftlichen Kreditwesens. Immer wieder mag der Eindruck entstanden sein, nun sei eine nachhaltige Entwicklung in Gang gesetzt worden, aber dieser Eindruck trügt. Denn die Entwicklung der ländlichen Räume war zunehmend von der Zuführung von Rohstoffen (Kohle, Erdölprodukte, Düngemittel) abhängig, und sie stand außerdem in direkter Verbindung mit dem Wachstum der Industrie: Dort wurden die Materialien und Maschinen hergestellt, die den ländlichen Aufschwung förderten, und dort lebten die Menschen, deren Bedarf an Nahrungsmitteln vom Land immens wuchs. Nur mit massenweise erzeugten neuen Kulturpflanzen, vor allem der Kartoffel, gelang zunächst die Deckung des Bedarfs der Industriearbeiterschaft mit Nahrungsmitteln. Später, als immer mehr Menschen gehobene Lebensansprüche entwickelten, kam die Versorgung mit der täglichen Portion Fleisch aus großen Viehzuchtbetrieben hinzu, in denen erhebliche Mengen Mais verfüttert wurden. Schließlich wurden so viele Nahrungsmittel erzeugt, dass die Meinung aufkam, sie in dieser Menge nicht zu brauchen – obwohl immer noch Millionen Menschen Hunger litten, und das ist bis heute so geblieben.

Ein neues Problem trat dabei auf: Nicht mehr alle landwirtschaftlich genutzten Flächen wurden gebraucht. Immer mehr Gebiete wurden aus der Nutzung genommen. Einige von ihnen wurden aufgeforstet, doch die Holzpreise sanken, so dass sich auch die Aufforstung nicht mehr lohnte. Wie war nun mit den nicht mehr genutzten Flächen zu verfahren? Diese Frage stellte sich in jedem Einzelfall neu, doch inzwischen stiegen die Preise für Rohstoffe erheblich, sowohl für Getreide als auch für Holz, für Erdölprodukte wie für Dünger.

Das Problem, was mit ehemals genutzten Landflächen geschehen soll, die nicht mehr gebraucht werden, ist bei Industrie- und Bergbauanlagen viel größer. Tagebaue, in denen beispielsweise Braunkohle gewonnen wird, können nur so lange betrieben werden, wie sich der Rohstoff zu vertretbaren Preisen gewinnen lässt. Große «Restlöcher» bleiben zurück. Auch die Nutzung ehemaliger Industrieanlagen ist schwierig; denn in der Zeit ihres Betriebes wurden große Bodenbewegungen durchgeführt, immens dimensionierte Bauten errichtet und die Böden verunreinigt.

Wiederum werden Flächen, die ehemals von Menschen genutzt wurden, aufgegeben – wie in den Zeiten, als es zur Verlagerung ländlicher Siedlungen kam. Danach setzten Sekundärsukzessionen der Vegetation ein. Jede Sekundärsukzession würde, wenn man sie nicht beeinflusste, Formen der Natur hervorbringen, die den Beobachter des Wandels überraschen. Keinesfalls entsteht eine schon vorher vorhandene Vegetation neu. Denn die Standorte und damit die Landschaften wurden ja verändert, entweder durch Bodenabtrag oder durch Bodenverunreinigung, durch Verdichtung oder Umlagerung des Untergrunds.

Landschaft als Metapher

Der Blick des Epimetheus

Man kann Landschaften fotografieren oder malen. Zum Blick auf Landschaft gehören immer Interpretation und Abstraktion: Die Landschaft wird vielleicht so dargestellt, wie man sie in Zukunft wieder sehen möchte. Oder man möchte das besonders «Typische» an ihr zeigen. Das Bild ist eine Momentaufnahme dessen, was in der Wirklichkeit abläuft, es ist immer statisch. Vom Moment seiner Entstehung an ist es ein historisches Zeugnis – für eine real existierende und abstrahierte Landschaft oder für ein Ideal, eine Metapher, die Künstler oder Fotograf darin gesehen haben, vielleicht sogar für ein Symbol. Ist eine konkrete Landschaft auf Fotopapier oder auf Leinwand gebannt, können Menschen beispielsweise für die Bewahrung des Bildes eintreten. Das Landschaftsbild bleibt Teil ihrer Kultur; als Teil der Natur aber entwickelt sich die Landschaft nach dem Moment der Betrachtung beständig weiter.

Bilder von Landschaften haben daher stets mit Vergangenheit, mit Geschichte zu tun. Auf Landschaftsbilder blickt man mit den Augen und Gedanken des Epimetheus. In der griechischen Mythologie hing er der Vergangenheit nach, während sein Bruder Prometheus für Erneuerung, für Fortschritt eintrat. Ein Maler kann sich ebenso wie ein Planer als Prometheus verstehen, indem er eine Vision der Zukunft entwirft. Aber sogar Zukunftsvisionen und Szenarien haben etwas mit Vergangenheit zu tun. Bilder der Zukunft sind nämlich von dem Moment ihrer Entstehung an historische Zeugnisse für den Zeitpunkt, an dem die Vision oder das Szenario zustande gekommen ist. Natur ist aber so unberechenbar, derart dynamisch, dass man ihre Entwicklung niemals vollständig vorhersehen kann. Viel wichtiger ist es, im Nachhinein erklären zu können, was in der Natur abgelaufen ist oder abläuft; denn aus dieser wissenschaftlichen Betrachtungsweise lassen sich Pläne für einen besseren Umgang mit Natur entwickeln.

Bilder von Landschaften wurden und werden zu Metaphern oder zu Symbolen des Vergangenen, seitdem es zu den Veränderungen kam, die in den vorigen Kapiteln dargestellt wurden. Das aus dem Blickwinkel zivilisierter Menschen «Wilde» wurde erklärt oder gebändigt. Es blieb aber auch ein Ideal, das man bewahren wollte – als Bild einer Landschaft der Vergangenheit, in der man selbst und seine Vorfahren sich tatsächlich oder angeblich glücklich gefühlt hatten. Das Bild steht für die Erinnerung, die darauf sichtbare Landschaft ist Metapher für Glück, oft auch für ein vergangenes Ideal, das man wiedergewinnen möchte. Diese Absicht kann der Antrieb dafür sein, einen Garten anzulegen, der sich nach Ansicht des Gestalters nicht verändern soll und in dem Pflanzen sich so entwickeln sollen, wie es sich der Gartenbesitzer wünscht. Damit dieser Wunsch Realität wird, muss sich aber der Gartenbesitzer intensiv für Stabilität auf seinem Grundstück einsetzen.

Während man mit Wehmut an das Vergangene dachte, entwickelte sich die Umwelt stets weiter. Es gab natürliche Veränderungen, und es setzten sich Innovationen durch, die Menschen ersonnen hatten, um ihre Umwelt effizienter zu nutzen. Eine Innovation ging nie überall gleichzeitig vonstatten: Echte Wildnis stieß an ein Gebiet, in dem eine frühe Form von Landwirtschaft betrieben wurde. Zivilisiertes Land grenzte an unzivilisiertes. Ländereien, in denen Landreformen, beispielsweise die Verkoppelung, bereits durchgeführt worden waren, lagen neben Gegenden, in denen noch die schmalen Ackerbeete auf den Zelgen der Dreifelderwirtschaft bearbeitet wurden. «Moderne» Industrieflächen entstanden mitten in «traditionellem» Agrarland.

Dabei kam es immer wieder zu einer Akkulturation, die nicht nur die Menschen, sondern auch die Landschaft betraf. Die Gegensätze zwischen Traditionellem und Neuartigem traten ebenso deutlich hervor wie landschaftlicher Wandel. Immer wieder setzte sich der Fortschritt allmählich durch, doch das Alte, das man entweder selbst noch gekannt hatte oder das einem mit gemalten oder erzählten Bildern nahegebracht worden war, galt als erhaltenswert. Die Landschaft, die bereits der Vergangenheit angehörte oder im Begriff war, sich zu wandeln, wurde häufig mit Metaphern beschrieben. Nicht selten geschah es, dass den Menschen in einer «neuen» Umwelt das Verständnis für ein Leben im Kontext der «alten» Umgebung abhandenkam. Das Alte wurde verklärt.

Die meisten Metaphern bzw. Symbole, die auf diese Weise entstanden, sind mit positiven Gefühlen verbunden. Aber nicht alle Vorstellungen von Landschaft haben etwas mit Idylle zu tun. Manche Metaphern von Landschaft wurden mit Fortschrittsglauben oder Fortschrittsfeindlichkeit verknüpft. Gelegentlich führten sie zu nationalistischen oder sogar chauvinistischen Vorstellungen. Sowohl rechte als auch linke Ideologien beriefen sich auf Metaphern von Landschaften, die man unverändert erhalten wissen wollte.

Mit Landschaften werden zahlreiche Metaphern in Verbindung gebracht. Einige davon sollen im Folgenden beschrieben werden. Dabei muss ich auf Entwicklungen zurückgreifen, die schon beschrieben wurden. Wiederholungen sind dabei nicht immer zu vermeiden.

Erhabenheit von Wildnis

Die Vorstellung von der Erhabenheit der Wildnis wurde von Menschen entwickelt, die von bewirtschaftetem Land aus auf unbewirtschaftetes Gebiet blickten. Das Ziel des Blickes ist dadurch aber zu prosaisch beschrieben. Denn mit dem Begriff Erhabenheit ist die Vorstellung verbunden, dass unbewirtschaftetes Land als Wildnis großartig, göttlich, faszinierend, aber auch bedrohlich und bedroht ist. Zur erhabenen Wildnis gehört das schroffe Gebirge mit seiner Schönheit, in der jederzeit Steinschlag, Lawinen oder Sturzbäche alle Kreaturen zerschmettern können. Wer eine solche Wildnis vom mehr oder weniger sicheren Standpunkt (innerhalb der Zivilisation!) aus betrachtet, ahnt oder weiß, dass übermächtige natürliche Dynamik im nächsten Moment alles zerstören kann, was sein Blick einfängt und was sich in seinem Bewusstsein einprägt. Ebenso wie das Gebirge ist ein Vulkan erhaben schön und gefährlich. Auch Geysire, gewaltige Wasserfälle, Felsschluchten wie der Grand Canyon und das Great Barrier Reef an der australischen Küste bieten faszinierende, unvorhersehbare Schauspiele. Erhabene Schönheit gab und gibt es in den Tropischen Regenwäldern zu bewundern. Bis heute sind die Bilder, die man sich von diesen «Urwäldern» macht, mit Vorstellungen von Gefahren verbunden. Man denkt zum Beispiel daran, dass «Wilde», in modernerer Diktion «indigene Völker», im Urwald leben und seltsame Sitten pflegen. Diese «Wilden» sind nicht nur «roh» und «grausam», sondern auch «edel». «Edle Wilde» bevölkerten nach Vorstellungen des 18. und 19. Jahrhunderts beispielsweise die Insel Tahiti.

Seit der Epoche der Aufklärung erforschten Wissenschaftler die Landschaften der Erhabenheit. Dem Gefährlichen sollte der Schrecken genommen werden, indem man es beschrieb und damit kalkulierbar zu machen versuchte. Andererseits entwickelte sich im Zug solcher Forschungen der Wunsch, Wildnis zu bewahren. Grundlage für alle diese Absichten waren zunehmend genauere Landschaftsgliederungen und Landkarten, wie sie zuerst beispielsweise Albrecht von Haller und dann Alexander von Humboldt entwarfen. Auf dieser Basis konnte man Landschaft beschreiben, ihre Erhabenheit erklären und die Stellen ausmachen, an denen Gefahr drohte.

Paradies und Garten

Im Altpersischen bezeichnet «Paradies» das, was wir Garten nennen: Beide Worte stehen für ein Stück umzäuntes Land. Die Begriffe «paradiesischer Garten» oder «Paradiesgarten» sind Pleonasmen, Doppelungen, die der Volksmund als «weiße Schimmel» bezeichnet. Sie sind aber zu Metaphern geworden, unter denen etwas mehr oder weniger Bestimmtes verstanden wird.

In der Schöpfungsgeschichte der Bibel liest man vom Paradies und von der Vertreibung aus dem Garten Eden: Die Menschen lebten zunächst sorglos in dem Land, wo Milch und Honig flossen, später, nach dem Sündenfall, mussten sie die Plackerei des Ackerbaus auf sich nehmen. Vielleicht ist die Vorstellung vom Leben im Paradies bereits vor Jahrtausenden aus der Verklärung eines Daseins der Jäger und Sammler hervorgegangen. Damals und dort sollen Nahrungsressourcen reichlich zur Verfügung gestanden haben, Mensch und Tier lebten friedlich miteinander, es gab keine Vermehrung, kein Geborenwerden, keine Sexualität, kein Sterben, kein Fressen und Gefressenwerden. Solche Vorstellungen negieren die natürliche Dynamik als Grundlage jeder Entwicklung von Leben.

Die Idee der Schöpfung von etwas Beständigem bewegt jeden Gärtner. Gott schuf den Garten Eden und pflegte ihn; in dieser Betrachtungsweise vergleichen wir ihn mit einem Gärtner. Natürliche Dynamik wird im Garten zwar gewünscht, solange sie schöne Blumen treiben lässt, aber alles andere, was sich von Natur aus einstellt oder wandelt und Nützlichkeit, Schönheit oder beides bedroht, wird bekämpft. Die Gewächse werden in einer bestimmten Ordnung gepflanzt; sie sind dann sozusagen «zivilisiert». Das «wilde» Unkraut wird gejätet, Bäume und Büsche werden geschnitten, damit sie nicht «verwildern», «wilde» Tiere werden verscheucht, ferngehalten oder bekämpft, damit sie die Schätze des Gartens nicht «rauben», ebenso wie andere Menschen, die die Stabilität stören könnten. Um den Garten zu erhalten, braucht man einen Zaun. Ohne Zaun kein Garten. Korrekt geschnittene Bäume und Büsche, zu denen auch die Rosen gehören, können tatsächlich ein nahezu ewiges Leben erreichen und als Metapher dafür stehen. Werden sie regelmäßig gestutzt, treiben sie erneut aus. Schneidet man sie aber nicht, verwildern sie und gehen früher ein als ihre zurückgeschnittenen Artverwandten. Wenn der Garten in jedem Jahr strikt gepflegt wird, bleibt sein Bild erhalten. Dies kann man nachhaltig nennen. Eines ist aber anders als im Paradies: Ohne die fortwährende Anstrengung der Menschen beim Schneiden, Unkrautjäten, Pflanzen, Erneuern des Zaunes ist die Nachhaltigkeit im Garten nicht zu haben. Dies ist eine wichtige Erkenntnis über das Phänomen Nachhaltigkeit: Ohne Kultur, ohne Einsatz der Menschen «funktioniert» sie nicht.

Jeder Garten wurde ebenso wie die dauerhaften Siedlungen in ihrer Nachbarschaft, die Städte, Burgen und Klöster, auf Beständigkeit hin angelegt. Zur Nachhaltigkeit konnte der Garten auch auf andere Weise beitragen, indem er nämlich Leben verlängerte: Im Garten ließen sich Gewürze und Heilpflanzen ziehen, die der Gesundheit der Menschen dienten. Mit ihrer Hilfe konnte man lebensbedrohende Krankheiten behandeln und besiegen. Daher hat man den mittelalterlichen Klostergarten mit einer «lebenden Apotheke» verglichen.

Jeder Garten sieht so aus, wie sein Herr dies möchte: Man kann dort die Pflanzen in Reih und Glied wachsen lassen, man «darf» aber auch alles genau anders machen und nicht die «Zivilisation», sondern die «Wildnis» einzäunen. Beides zugleich lässt sich aber nicht realisieren. Und doch stellen sich viele Menschen das Paradies genau so vor: als Symbiose aus Wildnis und Kultur.

Arkadien und der Italienische Garten

Die alten Kulturen am Mittelmeer entwickelten sich allesamt unter dem Einfluss eines subtropischen Klimas. Im Sommer war es heiß und trocken, vor allem an den Rändern der Gebirge gab es im Winter aber auch heftigen Regen. Alle Pflanzen, die unter solchen Klimabedingungen gediehen, konnten an jeder Küste des Mittelmeergebietes wachsen. Über das Meer, das ein exzellenter natürlicher Verkehrsweg ist, wurden die nutzbaren Gewächse an jede andere Küste der Mediterraneis gebracht. Im Lauf der Jahrhunderte wurden überall am Mittelmeer die gleichen mediterranen Pflanzen angebaut. Die mittelmeerischen Landschaften wurden dadurch einander immer ähnlicher. Überall gibt es knorrige Ölbäume, Wein, zahlreiche Arten von Gewürzen, Zwergpalmen, schlanke Zypressen und Pinien mit ihren von Menschen geschaffenen schirmförmigen Kronen. In jüngerer Zeit kamen Zitrusbäume aus Asien, Agaven und Opuntien aus Amerika hinzu.

Einige dieser Gewächse erreichen ein hohes Alter, beispielsweise die Ölbäume, und zwar vor allem, wenn sie regelmäßig geschnitten werden. Man nahm auch Reiser von alten Bäumen ab und «bewahrte» sie, wenn man sie auf neue Unterlagen pfropfte.

Andere Pflanzen breiteten sich vor allem aus, wenn die intensive Nutzung aufgegeben worden war und Gebäude zu zerfallen begannen. Dies ist die Szenerie Arkadiens, wie sie von Malern der frühen Neuzeit dargestellt wurde. Wenn Reisende aus dem Norden Europas in den Süden kamen, erwarteten sie genau das zu sehen: Überreste der Antike, umgeben von Hinweisen auf Zerfall und Verwilderung. Claude Lorrain und von ihm beeinflusste Maler haben bukolische Szenen vor solcher Landschaft gemalt, meistens von einem erhöhten Standort aus, der dem «italienischen Blick» auf die Landschaft entsprach. Es ging den Malern nicht um die Dokumentation eines konkreten Vorbilds, sondern um Metaphern der bukolischen Landschaft, die sich vielerorts am Mittelmeer erblicken ließ – oder von der man meinte, sie dort zu sehen.

Die Anlage eines Italienischen Gartens ist nicht unbedingt mit der Schaffung einer bukolischen Idylle verbunden. Wichtig ist dagegen das Vorhandensein bestimmter mediterraner Gewächse. Zypresse, Pinie, Ölbaum, Zeder und Lavendel erhielten ihre genauen Plätze zugewiesen. Die Mittelmeerpflanzen haben in den letzten Jahrhunderten weite Verbreitung gefunden. Als Metaphern des Südens brachte man sie an viele Orte. Inzwischen sind sie auch an den norditalienischen und Südschweizer Seen sowie in anderen Erdteilen mit ähnlichem Klima zu finden. Wo es im Sommer ausreichend Wärme gibt, um sie wachsen zu lassen, aber die Winterkälte ihren Bestand bedroht, pflanzt man sie in Kübel; diese stellt man während des Sommerhalbjahres im Freien auf, bewahrt sie aber in der «Orangerie» vor der winterlichen Kälte. Seit 1653, unmittelbar nach dem Dreißigjährigen Krieg, wird ein Granatapfelbaum in Hannover-Herrenhausen aufbewahrt, als angeblich älteste Topfpflanze der Welt. Man kann ihn als Symbol der Nachhaltigkeit sehen, die der Mensch aber nur durch eine spezielle Pflege erreicht: nun schon seit mehr als 350 Jahren.

Die Ordnung im Französischen Garten

Von seiner Fläche her noch größer und in seiner festen Ordnung weitaus strenger ist der Französische Garten. Er war ursprünglich nicht das Werk einer Privatperson (wie oft in Italien), sondern ein königlicher Garten. Dessen Herr verstand sich als absolutistisch eingesetzter Vertreter Gottes auf Erden. Nur wenn man Hainbuche, Linde, Eibe und Buchsbaum, das gewissermaßen wichtigste «lebende Inventar» der Hecken, Einfassungen und Rabatten, regelmäßig schnitt, konnte man hoffen, dass sie bestehen blieben oder sogar zu einer Metapher für Ewigkeit wurden; dann nämlich trieben sie im nächsten Jahr wieder so aus, wie es der auf Ordnung und Nachhaltigkeit bedachte Gärtner geplant hatte. Selbstverständlich war auch jeder Französische Garten von einem Zaun umgeben. Doch vom Garten aus setzten sich lange Achsen in die umgebende Landschaft fort. Das ganze Land konnte so in den Garten eingeschlossen werden, dessen eigentliche Grenzen sich nicht einmal am fernen Horizont wahrnehmen ließen. Die langen Achsen dienten vielerorts als die Grundlinien, von denen aus das Land vermessen wurde. Selbst die Landkarten der Herrschaftsbereiche, die seit dem 18. Jahrhundert in immer exakterer Form entstanden, waren an der Anlage des zentralen Parks als Mittelpunkt des Reichs orientiert.

In der gleichen Zeit, in der die großen Französischen Parks entstanden, setzten Landreformen ein. Nur wenn es gelang, Land und Leute zu disziplinieren, gab es staatliche und wirtschaftliche Prosperität; dies war eine wichtige Erkenntnis nach den Zeiten der Übernutzung des Landes im Mittelalter. Auch wenn nur wenige Herrscher einen großen Park nach dem Vorbild von Versailles schaffen ließen (zum Beispiel die Badener in Karlsruhe), so griffen sie doch die Idee der befestigten Straßen als gerader Achsen auf. Die Begriffe Chaussee und Allee, die man für sie wählte, stammten bezeichnenderweise aus der französischen Sprache. Oft wurde behauptet, Napoleon habe diese Straßen geschaffen, was jedoch keineswegs immer zutrifft. Jedoch hatte man bei der Anlage befestigter Straßen im 18. und 19. Jahrhundert französische Vorbilder vor Augen.

Auch die Agrarlandschaften wurden verändert. In Europa setzten im 18. Jahrhundert Landreformen ein, als deren Ergebnis große, idealerweise quadratische Landstücke entstanden. Man umgab sie mit Hecken, die nur dann erhalten blieben, wenn man sie regelmäßig schnitt. Feldsteine, die man bei der Umgestaltung von Äckern aus dem Boden holte, wurden zum Pflastern der Chausseen verwendet. Auf diese Weise verwandelte sich das Land mit seinen Alleen und Koppeln gewissermaßen in einen Garten, der ähnliche formale Gestaltungsmerkmale aufwies wie ein Französischer Park.

Hudewald und Englischer Garten

In Verbindung mit der Einführung einer rationelleren Landnutzung wurden seit dem 18. Jahrhundert viele Allmenden und Hudewälder beseitigt. Das «gemeine Land» wurde auf einzelne Landbesitzer aufgeteilt und ebenfalls mit blockförmigen Feldern überzogen; Teile der ehemaligen Allmenden wurden aufgeforstet. Während die einen Landnutzer dies im Geiste des Fortschrittes, gleichsam prometheisch, begrüßten, beklagten die anderen – wie Epimetheus – das Verschwinden alter Formen von Landschaft, der weiten Weideflächen mit einzeln stehenden breitkronigen Eichen, die im Lauf von Jahrhunderten malerische Formen angenommen hatten.

Solche weiträumigen Weideflächen blieben vor allem in England erhalten. Weil dort viel Holz aus den Kolonien bereitgestellt werden konnte und die Industrialisierung mit der damit verbundenen Nutzung von Kohle als Energiequelle früher eingesetzt hatte, war der Zwang erheblich geringer als in Deutschland, Weideflächen wieder aufzuforsten. Ehemaliges Weideland wurde zu Parks umgestaltet, in denen hier und dort malerische Baumgruppen standen. Einer der wichtigsten Schöpfer der Idee des Englischen Landschaftsgartens, Lancelot Brown, wird «Capability Brown» genannt, weil er auf die zahlreichen Möglichkeiten («capabilities») von Gestaltung hinwies, etwa wo man noch weitere Baumgruppen pflanzen konnte. In anderen Ländern ahmte man englische Vorbilder nach. In Deutschland wurden im späten 18. Jahrhundert viele städtische Viehweiden entbehrlich. Sie sahen wie ländliche Hudewälder aus; man nannte sie «Brühl». Nun wandelte man sie in Englische Landschaftsparks um: in den Englischen Garten in München und den Georgengarten in Hannover. Fürst Franz von Anhalt-Dessau führte Landreformen durch, behielt aber ein großes Landstück in eigener Hand: Ein Teil davon wurde dem innovativen Landbau gewidmet, ein anderer Teil wurde zum berühmten Wörlitzer Park. Auch rings um Berlin und Potsdam konnte man ehemaliges Weideland zum Landschaftspark umgestalten, durch den sich die Havel windet. Die Landschaft dort vermittelt besonders viele Illusionen: etwa von locker bestandenen arkadischen Waldflächen und von einem breiten Strom, der seine Ausmaße erst durch den Brandenburger Mühlenstau des Mittelalters erlangt hatte.

Freiheit Amerikas, Vielfalt Ostasiens

Metaphern der Ordnung, der Bewahrung von Elementen der Natur, und Metaphern, die für die Bewahrung der Wildnis standen, verwendete man, um die Probleme der Übernutzung des Landes in den Griff zu bekommen. Dabei dominierte zunächst das Prinzip der Ordnung, später das der Wildnis. Viele Fürsten legten sich zuerst einen Französischen, später einen Englischen Garten an. Sie verbanden die Metaphern für Bewahrung und Wildnis mit solchen, die für Freiheit und Vielfalt standen.

Forschungsreisende brachten immer mehr Gewächse aus Weltgegenden mit, in denen während der Eiszeiten erheblich weniger Pflanzenarten ausgestorben waren als in Europa, aktuell jedoch vergleichbare klimatische Bedingungen herrschten. Was aus Amerika kam, wurde als eine Metapher der Freiheit angesehen, vor allem nach der Unabhängigkeitserklärung der Vereinigten Staaten. Man konnte ein Stück Freiheit in europäische Gärten pflanzen! Mit Mammutbäumen, Douglasien und

Robinien verfügte man aber auch über weitere Baumarten, mit denen sich neue Wälder begründen ließen.

Amerika galt weiterhin als «Land der unbegrenzten Möglichkeiten», als grandiose Wildnis der Indianer. Auch die mit dieser Vorstellung verbundenen Metaphern hatten große Bedeutung für Zeitgenossen und Nachgeborene. Die Idee, Nationalparks anzulegen, um «die Natur» zu bewahren, stammte aus dem «Wilden Westen». Die Parks um Yellowstone und den Grand Canyon wurden zu Vorbildern für ähnliche Schutzgebiete in Europa. Das, was man dort erblickte, setzte man mit Erhabenem und Freiheit gleich; inwieweit diese Gebiete von Indianern, also «Wilden», zuvor beeinflusst worden waren, brauchte nicht erwogen zu werden; denn «Wilde» galten als «edle Wilde», und sie gehörten zu dem, was bewahrt werden sollte; auch dies wurde zu einer Vorstellung, die von Metaphern geprägt war.

Besucher Chinas und Japans bestaunten eine andere große Pflanzenvielfalt: Ginkgo, Orange, Magnolie und Kamelie. Ostasien war lange Zeit nicht oder kaum zugänglich, umso mehr waren die Symbole dieser Länder begehrt. Man bemühte sich, die Gewächse aus dem Fernen Osten zu bekommen und pflanzte sie als besondere Kostbarkeiten. Frostempfindliche Orangenbäume und Kamelien bewahrte man in speziellen Gebäuden vor der Kälte. In einigen Parks errichtete man «Chinesische Türme», deren Architektur an Pagoden erinnert.

Die Freiheit der Schweizer Alpen, und Schweizer entdecken «Schweizen»

Die Idee, dass auf den Almen der Schweiz die Freiheit beheimatet sei, stammt ebenso wie die Metaphern vom freien Amerika und der exotischen Vielfalt des Fernen Ostens aus dem 18. Jahrhundert. Man drang in die Landschaften der Alpen vor, als man ihre unergründliche Erhabenheit zu erforschen begann. Die gebildete Welt der Schweizer Städte des 18. Jahrhunderts interessierte sich nun für die Berge.

Man war damals von der Tatsache fasziniert, dass sich die Eidgenossen früh vom Joch der Monarchie befreit hatten. Metaphern für Freiheit und landschaftliche Schönheit, deren Elemente man erklären konnte, wurden fortan mit dem Begriff «Schweizer Landschaft» verbunden. Zahlreiche Schweizer Häuser oder Chalets wurden im 18., vor allem aber im 19. Jahrhundert auch außerhalb der Schweiz errichtet. Und in noch späterer Zeit gehörten sie als Metaphern in die ideale «freie» Landschaft, wie sie sich Modelleisenbahner in ihren Wohnzimmern schufen.

Im frühen 18. Jahrhundert entstanden in der Schweiz die ersten modernen Landeskunden. Johann Jacob Scheuchzer schrieb bedeutende Bücher über das Schweizer Land. Aber vor allem Werke, die von ihm beeinflusst wurden, erlangten Berühmtheit. Albrecht von Hallers Alpengedicht wurde die jahrzehntelang bekannteste Darstellung der Alpenlandschaft mit ihren Pflanzen, Tieren und Menschen. Andere Schweizer, darunter Johann Georg Sulzer und Jean-Jacques Rousseau, stellten Landschaft in einem eher allgemeinen Sinn dar. Für sie waren – mehr noch als für Haller – auch die Menschen wichtig, die in einer landschaftlichen Szenerie zu sehen waren. Von zentraler Bedeutung war, wie sich Sulzer ausdrückte, nicht nur die Landschaft an sich, sondern auch «eine wohlausgesuchte Handlung aus dem sittlichen Leben».

Sulzer kam an den preußischen Hof, Rousseau ging nach Paris. Dort verbreiteten sie Gedankengut aus der aufgeklärten Atmosphäre der Schweiz. Albrecht von Haller verließ ebenfalls die Schweiz; er wurde an die Universität Göttingen berufen. Von dort aus unternahm er Exkursionen in die Umgebung, unter anderem in die Lüneburger Heide und in den Harz. Die Vegetation an den Hängen des Brocken, des höchsten Berges in Norddeutschland, verglich er mit derjenigen der Schweizer Alpen. Die Höhenstufen entsprachen sich, und diese Erkenntnis mag Haller dazu gebracht haben, eine allgemeine Darstellung der Höhenstufen der Schweizer Alpen zu entwerfen. Viele Deutsche ließen sich durch die Werke von Haller nicht nur zu einer Schweizreise animieren, sondern sie bestiegen ebenso wie der Schweizer die höchsten Höhen des Harzes.

Zwei weitere Schweizer, Anton Graff und Adrian Zingg, kamen 1766 an die Dresdener Akademie. Voller Begeisterung entdeckten sie an der Elbe eine Landschaft von einmaliger Schönheit: Der Fluss schlängelte sich zwischen malerischen Felsen entlang. Diese schöne Landschaft nannten sie «eine Schweiz». Fortan sprach man von der Böhmischen und der Sächsischen Schweiz. Und zahlreiche weitere Landschaften bekamen im Lauf der Jahrzehnte das Prädikat «Schweiz» verliehen, beispielsweise die Fränkische und die Holsteinische Schweiz.

Mit der Schweiz wurden immer wieder Landschaften verglichen, die ganz anders aussahen als das Hochgebirge. Der Geograph Richard Linde, der zu Anfang des 20. Jahrhunderts eine viel gelesene Beschreibung der Niederelbe verfasste, sah sogar Parallelen zwischen den freien Menschen des Hochgebirges und den freien Menschen der Marsch an der Elbe.

Der Deutsche Wald

Die Metapher vom «Deutschen Wald» ist besonders vielschichtig. Das hängt zunächst mit einem «Gründungsmythos» des deutschen Staates zusammen, der mit Tacitus' Bericht über die wilden Wälder und Sümpfe Germaniens verbunden wurde. Damals scheiterten römische Soldaten bei dem Versuch, ihre staatliche und wirtschaftliche Ordnung in der unzivilisierten Welt Mitteleuropas mit ihren weiten Wäldern einzuführen. Sie verstanden nicht, warum es in Mitteleuropa keine Zivilisation gab. Und die Menschen in Mitteleuropa verstanden ihrerseits nicht, was eine Zivilisation bedeutete. In nationalistischer Verklärung sah man später «Hermann den Cherusker» als staatsmännischen Führer und «Feldherrn» der Germanen. Solche Metaphern wurden entwickelt, als bereits Zivilisation bestand. Sie können keineswegs das beschreiben, was sich in der Zeit der Nicht-Zivilisation abspielte. Aus diesem Missverständnis heraus sind problematische Vorstellungen von Nationalismus entwickelt worden. Der militärische Erfolg der Germanen hatte – so las man bei Tacitus – etwas mit der Landschaft zu tun, in der sich die Germanen, nicht aber die Römer orientieren konnten.
Zu Beginn des 19. Jahrhunderts stand man erneut einem «romanischen» Aggressor gegenüber. In der Zeit der Freiheitskriege gegen Napoleon und danach sah man im Wald einen Schutz für die Deutschen und deren Idee vom Nationalstaat. Diese Vorstellungen fanden sowohl in poetischen Metaphern von Dichtern der Romantik als auch in späterer Zeit in einem übersteigerten Nationalismus der Deutschen ihren Niederschlag. Beides zwingend miteinander in Beziehung zu setzen ist eine entschieden zu stark vereinfachende Vorstellung: Die Worte der Dichter sind Kultur, zu der nicht nur die Realität, sondern auch Wunsch und Traum als Metaphern gehören; der Nationalismus des 20. Jahrhunderts

in Deutschland hielt Metaphern für Realität und erkannte deren wahren Charakter nicht.

Die kulturellen Ansichten über die Waldlandschaft kreuzten sich im 19. Jahrhundert mit wirtschaftlichen Absichten. Vielerorts in Mitteleuropa wurden neue Wälder aufgebaut, weil man das Prinzip der forstlichen Nachhaltigkeit realisieren und den Wäldern nur maximal so viel Holz entnehmen wollte, wie zur gleichen Zeit nachwuchs. Wirtschaftliche, ästhetische und nationalistische Gedanken trafen dabei aufeinander. Die Ausbreitung des Waldes wurde in wesentlichem Umfang erst möglich, als im Zeitalter der Industrialisierung Maschinen zur Verfügung standen, mit denen man Kohle und später Erdöl aus großer Tiefe fördern konnte. Damit bestand eine Alternative zur Nutzung der Ressource Holz, und die Holzvorräte der Wälder konnten endlich steigen. Doch verstand man diesen Zusammenhang oft nicht, sondern hielt den Wald für «Wildnis» oder für «die Natur». Man wollte ihn vor der Industrie bewahren. Dies spielt bis in die Gegenwart, in der über «Waldsterben» und «Global Change» diskutiert wird, eine Rolle.

Wildes Land im Osten

In der Zeit um Christi Geburt und den ersten Jahrhunderten danach hatte ein Gegensatz zwischen dem zivilisierten Land des Imperium Romanum und dem nicht-zivilisierten Land der Germanen bestanden. Im Mittelalter weitete sich der Einflussbereich von Zivilisation und Staat aus, und im östlichen Mitteleuropa, später in Osteuropa entwickelte sich ein Nebeneinander von Staat und «Nicht-Staat». Das westliche und das östliche Europa unterschieden sich in ihrer Naturgestalt. Im Westen dominierte Laubwald, im Osten gab es ausgedehnte Nadelwälder, in trockenen Gegenden Steppe. Seit dem Mittelalter wurde immer wieder versucht, Land im Osten zu unterwerfen. Von dort aus waren mobile Reitervölker in den Westen vorgedrungen: Hunnen, Ungarn oder Mongolen. Gruppen, die man unter dem Namen «Slawen» zusammenfasste, ebenso wie man in römischer Zeit heterogene Gruppen «Germanen» genannt hatte, besaßen keine Siedlungen mit entsprechendem Stabilitätsgrad wie im staatlich organisierten «Heiligen Römischen Reich Deutscher Nation». Immer wieder kam es zu Konflikten, die letztendlich dazu führten, dass sich die Zivilisation nach Osten ausbreitete. Dabei grenzten an immer wieder anderen Stellen Landschaften von unterschiedlichem Entwicklungsstand aneinander. Im Osten wurden noch immer von Zeit zu Zeit Ländereien aufgegeben, so dass es zu Sekundärsukzessionen von Wald kam, im Westen nicht mehr. Aus dem Blick der Zivilisation war das, was im Osten zu sehen war, nur mit dem Attribut «Wildnis» beschreibbar, aus der – so die Metapher – hin und wieder nicht nur Reitervölker, sondern auch Wölfe in den Westen vorstießen.

In der Zeit der Industrialisierung wurde erneut ein unterschiedlicher Entwicklungszustand der Gebiete im Westen und Osten Europas deutlich. Man meinte, Gegebenheiten, die aus der Geschichte heraus vertraut waren, seien stabil geblieben, man habe es immer noch mit einem weniger zivilisierten Osten zu tun. Daraus wurden problematische Metaphern abgeleitet. Man sah Landschaften des Ostens als «undeutsch» an. Die Nationalsozialisten haben sich diese Einstellung zu Eigen gemacht; dem während des Zweiten Weltkriegs aufgestellten «Generalplan Ost» entsprechend sollte nach dem Krieg eine «deutsch geprägte Landschaft» im Osten Europas aufgebaut werden. Damit war die Vorstellung verbunden, den Osten Europas in eine zivilisierte Gegend nach deutschem Muster überführen zu können.

Die «gute alte Zeit» auf dem Dorf und die Industrie

Im 19. Jahrhundert setzte nicht nur die Industrialisierung ein, sondern auch der ländliche Raum machte in engem Zusammenhang damit einen Wandel durch. Entwicklungen der Städte und der Dörfer wurden und werden immer wieder isoliert voneinander gesehen, obwohl sie sich gegenseitig bedingen. Bauernbefreiungen, Landreformen und die Einführung des landwirtschaftlichen Kreditwesens führten sowohl dazu, dass Bauern an Kapital kamen, als auch, dass neue Kulturpflanzen als Versorgungsgüter in großen Mengen für die wachsende Stadtbevölkerung produziert werden konnten. Die Industrialisierung ließ einerseits Industriebetriebe, -reviere und Städte wachsen, sie führte aber andererseits auch dazu, dass Mineraldünger und Kohle, Baumaterial und die sogenannten «Kolonialwaren» massenhaft aufs Land gelangten.

Man verklärte diese «bäuerliche Welt» einerseits, weil man nach einer langen Periode der Übernutzung des Landes und der Not seiner Bewohner eine positive ländliche Entwicklung stark herbeigesehnt hatte; andererseits wollte man eine «traditionelle» ländliche Idylle vor einer «neuen» und «bedrohlichen» Welt der Industrie schützen. Obwohl enge Zusammenhänge zwischen der «ländlichen» und der «urban-industriellen» Landschaft bestanden, sah man in ihnen unterschiedliche Entwicklungsstufen der Landschaft in einem Zustand der Akkulturation, vergleichbar dem Nebeneinander von agrarischer und «paradiesischer» Landschaft oder von Agrargebieten mit und ohne Einfluss der Zivilisation.

Deutlich wurde der Gegensatz zwischen «ländlich» und «industriell» etwa im Ruhrgebiet, wo Kohlezechen in unmittelbarer Nachbarschaft zu Weizenfeldern und Viehweiden entstanden, aber auch dort, wo die Industrialisierung zu unterschiedlichen Zeiten einsetzte. In Europa ergab sich in dieser Hinsicht eine Abfolge von England über Deutschland bis Italien, in Deutschland wurden abgelegene Regionen in Bayern später von der Industrialisierung erfasst als die Kerngebiete der Schwerindustrie wie das Ruhrgebiet.

Stets wurde der angeblich paradiesische Zustand der «guten alten Zeit» als Metapher eines Ideals verklärt. «Gut» waren in diesem Zusammenhang nicht nur Erscheinungsformen von Natur, sondern auch die Bauernhäuser, ja selbst die Schul- und Rathäuser, die Kleinbahnen und später, als diese stillgelegt waren, auch deren Trassen. Die Reminiszenzen aus der «guten alten Zeit» sind vielfach mit den Spuren der historischen Kulturlandschaft gleichzusetzen, die heute vielerorts gesammelt werden. Die Beschäftigung mit ihr ist unter anderem deswegen interessant, weil sie die Basis für das Erfassen des Wandels in der Landschaft sein kann, sie sollte aber nicht in der Verklärung des Vergangenen enden.

Regionen voller Metaphern

Landschaften in unserer Umgebung sind heute von zahlreichen Metaphern oder Anspielungen geprägt, es finden sich darunter sogar Symbole, die aus anderen Zusammenhängen übernommen wurden. Viele europäische Länder haben ihre «Costa del Sol» und ihre «Riviera»:

Anklänge daran finden sich am Bodensee, auf der Isle of Wight im Süden Englands oder an der Südküste Finnlands. Angebliche «tropische Paradiese» wurden in Ferienressorts unter Glas geschaffen. Im Safaripark kann man «wilde Tiere» beobachten; niemand fragt danach, wie diese Tiere eine Landschaft beeinflussen, in der sie noch niemals vorgekommen sind. Zoologische Gärten, die nicht mehr das Image von Menagerien haben, zeigen Tiere in «ihrer Landschaft», in Felsen, an nachgebauten Flüssen, zwischen echten oder unechten Palmen. In Aquarien werden Meeresfische zwischen Plastiktang gehalten, weil es schwierig ist, echten Tang zu kultivieren.

Wo das Gelände hügelig ist, konnte man Golfplätze anlegen, die ein «englisches» Aussehen der Landschaft ermöglichten. Sie brauchen einen kurz geschnittenen Rasen, auch dann, wenn er aus klimatischen Gründen dort gar nicht wuchs. Dann musste eben ständig der Rasensprenger laufen. Badestrände mit Strandkörben finden sich auf Kaufhausdächern. Und auf so manchem städtischen Platz wird zeitweilig Sand ausgestreut, damit dort Beach-Volleyball gespielt werden kann.

Unsere Vorstellungen von Landschaft werden weitgehend dadurch geprägt. Die Landschaften, die man in den Katalogen der Reiseveranstalter erblickt, sind genau das, was Touristen zu sehen erwarten, wenn sie auf ihren Kreuzfahrten für einige Stunden oder allenfalls Tage in fremde Welten eintauchen: einen Strand mit Palmen, eine Oase, einen einsamen Eisbären auf einer Eisscholle, eine Giraffe, die Laub von den Bäumen frisst, den Sonnenuntergang über dem weiten Meer. All dies ist Landschaft, und das bedeutet nicht nur reale Landschaft, sondern das, was man sieht oder sehen kann, in Verbindung mit den Metaphern, die mit dem real Gesehenen verknüpft werden: das Wilde, Erhabene, Paradiesische, Freie, Natürliche, Fremde, Exotische, Arkadische, Vertraute, Geschützte. In der kulturellen Vorstellung sind dies keine Gegensätze. Aber in der Realität kann oder darf man diese Metaphern nicht alle miteinander verbinden. Und man sollte wissen: Metaphern entsprechen nicht exakt einer wahrzunehmenden Realität, sondern Bildern und Vorstellungen, die Bezeichnendes über unsere Kultur aussagen.

Die geschützte Natur

Jean André de Luc entdeckte die «edle Wildnis» der Lüneburger Heide

Im Jahr 1776 bereiste Jean André de Luc, ein Bekannter von Jean-Jacques Rousseau, die Lüneburger Heide. Er war wie Albrecht von Haller, Anton Graff und Adrian Zingg Schweizer, der in deutsche Lande kam und deren Schönheit entdeckte. Die Lüneburger Heide war damals besonders stark von Übernutzung geprägt: Die Wälder waren weithin abgeholzt, unter dem Einfluss allzu intensiver Beweidung waren keine neuen Gehölzpflanzen aufgekommen, bloßgelegter Sand war vom Wind in Bewegung gesetzt und zu Dünen aufgehäuft worden, die Bewohner führten ein kärgliches Leben. Es war schwer, diese Gegend, die immer wieder mit einer Wüste verglichen wurde, zu durchqueren: Reisende berichteten von Kutschen, die im Sand stecken geblieben waren, von zerbrochenen Rädern und Achsen. Man sah mit Angst und Schrecken auf diese Wildnis, durchaus mit ähnlichen Gedanken wie auf das «erhabene» Gebirge.

Dies tat auch Jean André de Luc, und er gab dabei zu erkennen, dass er die Eigenart der Landschaft, die er sah, keineswegs verstanden hatte. Vielmehr urteilte er aus seinem augenblicklichen Erleben heraus: «Man findet also hier einen Boden, der ganz unter den Händen der Natur geblieben ist.» De Luc sah «eine wahrscheinlich noch unberührte Schicht fruchtbarer Erde». Und er beobachtete die Heidebewohner: «Ich hab das Vergnügen gehabt, neue Gräben in den Heiden ziehen zu sehen: ein Schauspiel, das für mich eben so viel war, als ob ich neue Menschen entspringen sähe. Vorzüglich bemerkte ich einen jungen Mann und seine Gattin, die mit dem größten Eifer beschäftigt waren, er, den Graben tiefer zu machen, und sie, die ausgehobne Erde hineinwärts zu werfen. Sogleich stellte sich mir die ganze Geschichte dieses Paares und seiner Nachkommenschaft dar, und ich glaubte in ihnen unsere ersten Stammeltern zu sehen. (...) Bald wird vielleicht die junge Frau ihrem Gatten den ersten Sohn geben, die kleine Pflanzung wird in die Höhe wachsen, ihre Besitzer ernähren, und der Welt eine Familie mehr verschafft haben. (...) Dies alles stellte sich beym Anblick dieses jungen Paars meiner Einbildungskraft lebhaft dar. Ich hatte schon in vielen solchen neuen

Niederlassungen die Landleute fast auf allen Stufen ihres Fortgangs beobachtet, und sie immer zufrieden und glücklich, durch die Natur und oft selbst durch Hindernisse aufgemuntert gefunden. Ich erinnerte mich jetzt an dies alles, und fühlte die Wirkungen der Liebe zum Eigenthum und der häuslichen Verbindungen in ihrer ganzen Stärke. (…) Diese alten Bewohner haben sehr wenig Boden ausgebrochen; sie lebten von dem, was die Erde freywillig hervorbrachte.»

In diesem Bericht findet sich eine Kombination zahlreicher Metaphern von Landschaft: «Unsere ersten Stammeltern» lebten im Paradies, in unberührter Natur, in Arkadien. De Luc hätte über die Bewohner der Lüneburger Heide wohl kaum anders geschrieben als über die «edlen Wilden» Tahitis. Er bewunderte ihre einfachen Ansprüche an ihr Leben im Einklang mit der Natur.

Der Reisebericht des Schweizers De Luc ist heute so gut wie vergessen. Er wurde aber von den Zeitgenossen gelesen. Sie sahen nun die Lüneburger Heide mit neuen Augen. Der Umschwung der Meinung über diesen Landstrich ist wohl von De Luc und seiner Schilderung ausgelöst worden; zu Ende des 18. und im 19. Jahrhundert entwickelte sich der «romantische Blick» auf die Heide. Vor allem seit der Zeit, in der es Chausseen gab, auf denen man unbehelligt von Sandverwehungen das Gebiet durchqueren konnte, entdeckte man die Schönheit der Gegend. Wenige Jahrzehnte später pilgerten Massen von Menschen zum Wilseder Berg, dem höchsten Hügel der Heide. Sie hatten sich der Ansicht des Schweizers De Luc angeschlossen: Sie meinten, urwüchsige Natur zu erblicken, wenn sie durch die Heide wanderten. Die Brüder Friedrich und August Freudenthal, mehr noch Hermann Löns machten mit ihren literarischen Werken die Lüneburger Heide einem Millionenpublikum bekannt. Auch viele Menschen, die die Heide nie gesehen haben, hängten Bilder von blühendem Heidekraut, Wacholderbüschen, Schafställen und Heidschnucken über ihr Sofa.

Die Anfänge des Naturschutzes

Zweifellos: Die Lüneburger Heide ist schön, und ihre landschaftliche Schönheit kann man bewahren. Aber «urwüchsig» und «wahre Natur» ist sie keineswegs. Doch gilt hier das Gleiche wie für andere Metaphern von Landschaft auch: Eine Gegend ist noch keine Schweiz, wenn man dort ein Schweizer Haus errichtet, ein Landstrich ist nicht «englisch», wenn man dort einen Englischen Landschaftsgarten oder einen Golfplatz angelegt hat – und eine Gegend ist nicht unbedingt «urwüchsige Natur», wenn sie dafür gehalten wird. Doch gerade diese wollte man schützen. Dazu sah man sich insbesondere veranlasst, als man bemerkte, dass sich das Land zwischen Hamburg, Hannover und Bremen im 19. und frühen 20. Jahrhundert stürmisch entwickelte. Als die ersten Eisenbahnen gebaut worden waren, kamen Düngemittel auch in die Heide. Damit ließ sich das Problem des Mineralstoffmangels der sandigen Böden lösen, so dass man Äcker auf ihnen anlegen konnte. Der lockere Untergrund ließ sich gut bearbeiten. Die Bauern sammelten Kapital an und konnten Verkoppelungen und Markenteilungen rasch vorantreiben. In wenigen Jahrzehnten schrumpfte die für «urwüchsig» gehaltene Natur auf kleine Flächen zusammen. Wo aber konnte man dann noch «auf und nieder» gehen, wie es im Lied des Hermann Löns von der Lüneburger Heide sprachlich verschroben, aber für viele Menschen doch so verheißungsvoll hieß?

In den ersten Jahren des 20. Jahrhunderts gründeten wohlhabende Bürger den Verein Naturschutzpark und kauften Land am Wilseder Berg, um es fortan vor dem Zugriff der modernen Landwirtschaft zu bewahren. Die Lüneburger Heide entwickelte sich zum Inbegriff eines «Naturschutzgebietes» in Deutschland. In den Jahren um 1900 wurde «Naturschutz» zu einem Ziel, bei dem es nicht um die Bewahrung dessen ging, was Natur eigentlich auszeichnet, nämlich Dynamik, sondern um die Schönheit von Landschaft, die sich unter dem Einfluss der Akkulturation nicht wandeln sollte. Diese Landschaft hielt man für Wildnis, in der «Menschen im Einklang mit der Natur» lebten.

Naturschutz als Ziel ist seit seinen Anfängen nie klar begründet gewesen, vor allem nicht naturwissenschaftlich. Wissenschaftliche Objektivität hat man ihm aber zugebilligt; schließlich tritt ja der Begriff «Natur» in den beiden Bezeichnungen «Naturwissenschaft» und «Naturschutz» auf. Doch dies war eine Fehleinschätzung. Sie hing damit zusammen, dass Naturschutz in seinen Anfängen nicht von Naturwissenschaftlern betrieben wurde, sondern von Menschen, die mit der Bewahrung eines bestimmten landschaftlichen Zustandes von Natur ein kulturelles Anliegen verbanden.

Der eigentliche Initiator der Naturschutzbewegung in Deutschland war Ernst Rudorff. Er stammte aus einer großbürgerlichen Familie, die zeitweise in Berlin und im ländlichen Ith bei Hannover lebte. In seiner Jugend hatte Rudorff Dichter der Romantik kennen gelernt, mit denen seine Eltern verkehrt hatten. Er selbst war Musiker und Komponist im Geiste der Romantik, keineswegs ein Naturwissenschaftler. Und er formulierte keine Gesetze, sondern abwägende kulturelle Ziele, wenn er für den Naturschutz eintrat: «Wie es niemandem einfallen kann, von einer vernünftigen, höhere Rücksichten achtenden Nutzung der Bodenerzeugnisse und Naturkräfte abhalten zu wollen, so könnte auch nur ein Narr fordern, die Menschheit oder ein einzelner Staat solle auf Eisenbahnen, auf Elektrizität und Fabriken verzichten. Aber zwischen Gebrauchen und Gebrauchen ist ein Unterschied. Es kommt alles auf das Maß an, das man walten lässt. Den Wald ausroden, bedeutet (...) bis zu einer gewissen Grenze Fortschritt und Kultur; über diese Grenze hinaus bedeutet es Barbarei, und zur Kultur wird umgekehrt das Schonen und Ansäen.» Rudorff ging es also um das richtige Maß, das bei allen Veränderungen der Landschaft eingehalten werden sollte. Natur, Landschaft, Heimat wurden für ihn, den «schöngeistig» denkenden Bürger, vor allem vom «Ungeist» der Erneuerer bedroht und zerstört. Dies war die Haltung eines konservativen Zivilisationskritikers, für den man Rudorff gemeinhin hält. Er griff Gedanken vom Beginn des 19. Jahrhunderts auf, als man Natur und Vaterland vor den Franzosen schützen wollte. Er schrieb: «Heimatschutz fordern wir! Einen fremden Eindringling zwar haben wir nicht zu befürchten, wohl aber einheimische Wandalen.»

1910 verfasste Konrad Guenther ein Buch über den Naturschutz. Er argumentierte ähnlich wie Rudorff und beklagte das Aussehen moderner Forsten: «Wie wenig anmutend ist aber gerade der Anblick von durchsichtigen, unterholzlosen Wäldern, in denen womöglich noch die Bäume nach der Schnur gepflanzt sind und nun in geraden Linien und in wohlgemessenen Abständen wie ein Regiment Soldaten dastehen!» Guenther trat für den Schutz lichterer Wälder ein, in denen mehr Tier- und Pflanzenarten vorkamen als in dicht gepflanzten Forsten. Sein Ideal beschrieb er so: «Im Oldenburgischen sind die letzten Reste eines Hudewaldes noch heute erhalten, und immer noch darf der Bauer zwischen den Stämmen sein schwarzweißes Vieh weiden lassen. In den

Pfingsttagen 1909 machte ich mich auf, um das eigenartige ‹Naturdenkmal› zu studieren. (...) Bald hatte ich den ‹Hasbruch› erreicht, und als ich durch das Holz wanderte, erblickte ich schon von weitem die braunen Massen der gewaltigen, Jahrtausende alten Eichen. (...) Zwischen den Eichen stehen weit zahlreichere und ebenfalls uralte Hainbuchen. (...) Der Hasbrucher Wald ist ein Denkmal aus altgermanischer Zeit, und er erzählt mehr von dem Leben unserer Altvordern als Wälle und Mauern. Und schön muß es in Deutschland gewesen sein, als solcher Hudewald weit und breit sich ausdehnte und zwischen den hohen Stämmen kraftstrotzende Gestalten mit ihren Rindern einherzogen.»

Diese «Natur» galt Guenther sowie vielen seiner Zeitgenossen und Nachfahren als schützenswert. Sie meinten aber damit eigentlich eine Landschaft, die «wilder» geblieben war als eine intensiver bewirtschaftete. In Guenthers Beschreibung muss man auf die aneinandergereihten Mctaphern achten. Genauso wie bei De Luc «dürfen» «edle Wilde», die ein «richtiges» Maß der Nutzung kennen und einhalten, durchaus in der «Natur» vorkommen. Guenther sah die Germanen in diesem Wald, die angeblich das deutsche Reich einst gegen die Römer verteidigt hatten; sie hatten in einer Umwelt gelebt, die man seit dem frühen 19. Jahrhundert eifrig wiederherzustellen trachtete, durch eine Aufforstung, deren Geradlinigkeit und Artenarmut Guenther beklagte. Er sprach vom «Naturdenkmal», also vom Zeugnis aus vergangener Zeit, auch von Schönheit. Und für die wollte er sich einsetzen; ein solcher Wunsch hat in einem kulturellen Diskurs jederzeit seine volle Berechtigung. Naturwissenschaftlich ist dies aber nicht zu begründen.

Guenthers Buch wurde in mehreren Auflagen nachgedruckt. Zahlreichen Menschen wurden die Gedanken des Autors aber durch einen anderen bekannt gemacht: Der Philosoph Ludwig Klages zitierte daraus in seiner programmatischen Rede «Mensch und Erde». Er hielt sie 1913 auf einer Zusammenkunft der so genannten Jugendbewegung am Hohen Meißner zur Erinnerung an die Völkerschlacht von Leipzig. Klages warnte wie Rudorff und Guenther ein großes Publikum vor dem Untergang der Natur im Zeitalter der Industrie.

Diese Gedanken leuchteten vielen Menschen in der Zeit des mörderischen Ersten Weltkriegs ein: Man erlebte, wie moderne Technik die Kreatur vernichtete. Man trat der Ausbreitung von Industrie entgegen, indem man die Bewahrung von Natur forderte. Die Frage, ob dabei eher die schöne Landschaft als Zustand im Sinne von Rudorff und anderen oder aber die sich entwickelnde und wandelnde Natur vorrangig geschützt werden sollte, wurde nicht gestellt. Im Geist der Jugendbewegung traten viele Menschen vor allem für den Naturschutz ein, weil sie gegen Modernisierung, Liberalismus und die Macht der Technokraten waren. Sie wünschten sich die paradiesische Freiheit von Natur. Genauso wie in der Jugendbewegung gab es auch unter denjenigen, die für den Schutz von Natur eintraten, mehrere Richtungen. Sie konnten sich lediglich darauf einigen, gegen die kommerzielle Ausbeutung zu sein: Die einen wollten «das Kapital» bekämpfen, die anderen traten für das «Schöne» ein, und alle meinten, sie hätten das gleiche Ziel vor Augen, das sie zudem für «naturwissenschaftlich exakt» hielten.

Der Begriff «Naturschutz» war auf diese Weise schlecht definiert oder sogar falsch eingeführt worden. Man versuchte, das persönliche und subjektive Landschaftserlebnis einzelner Menschen objektiv als «Natur» darzustellen. Naturschutz wurde für ein Ziel gehalten, dem sich alles andere unterzuordnen habe. Infolgedessen waren Begriff und Ziel interessant geworden für totalitär denkende Menschen. Sie verbanden ihre Absichten mit dem unklar definierten «Naturschutz», für den alle eintraten, verknüpften ihn aber auch mit eigenen Zielen, denen sie dadurch mehr Nachdruck zu geben versuchten. Rechte wie Linke wandten sich einmütig gegen liberale Wirtschaft und pochten auf Naturschutz.

Die Ziele der Kritik seitens der Naturschützer wandelten sich mit der Zeit: Rudorff und seine Zeitgenossen waren gegen die Verkoppelung, bei der Hecken gepflanzt worden waren. Als diese später wieder beseitigt wurden, galt der Kampf nicht mehr der Verkoppelung, sondern der Beseitigung der Hecken. Mit der Zeit erkannte man manchmal sogar den «Naturschutzwert» einer alten Industrieanlage – und auch da wurde das, was Jahrzehnte zuvor bekämpft worden war, nun zum Objekt des Schutzes. Immer wieder vergaß man, den Wandel zu bedenken, der nicht nur durch den Bau von Industrieanlagen ausgelöst wurde, sondern auch der Natur innewohnt.

Naturschutz als kulturelles Ziel und Gesetz?

Dieses Problem gehört bis heute zum Dilemma des Naturschutzes. Die Diskussion über das, was man eigentlich schützen wollte, rückte immer weiter in den Hintergrund. Die Nationalsozialisten befassten sich schon bald nach der so genannten «Machtergreifung» von 1935 mit dem Naturschutz und erließen 1935 das Reichsnaturschutzgesetz. Die Begriffe «Natur» und «Landschaft» wurden in diesem Gesetz immer wieder nebeneinander oder nacheinander genannt. Dabei wurde ebenso wenig wie in den Jahrzehnten zuvor geklärt, ob man eine sich wandelnde Natur oder eine statische «schöne Natur» schützen wollte, ob Natur und Landschaft synonym oder als unterschiedliche Begriffe gebraucht werden sollten. Der Staat hatte die Möglichkeit, sich auf die eine oder die andere Seite zu schlagen – je nachdem, wie es für ihn günstig und für seine Gegner, zu denen in der Zeit des «Dritten Reiches» durchaus auch private Investoren zählten, ungünstig war. Im Naturschutzgesetz manifestierte sich der totalitäre Anspruch, der Staat wisse, was er zu schützen habe: eine unveränderliche, starre Natur, eine «deutsche Landschaft», die sich dem Typ der «rassischen Reinheit» zuordnen ließ. Alles andere konnte als «unwertes Leben» und auch als «unwerte Wildnis» gelten; diese Gedanken gingen von einem Bild der unveränderlichen Natur aus.

Indem sie das Naturschutzgesetz beschlossen, würgten die Nationalsozialisten eine Diskussion ab, ehe sie überhaupt begonnen hatte, die Diskussion darüber nämlich, wie sich der Schutz von Natur und Landschaft mit der Modernisierung der Welt im Industriezeitalter und der wachsenden Bevölkerung vereinbaren lässt. Die Zusammenhänge zwischen den Vorstellungen, die im letzten Kapitel erwähnt wurden, also beispielsweise zwischen der «guten alten Zeit auf dem Dorf» und der Industrialisierung, wurden nicht erfasst und werden auch heute noch viel zu wenig bedacht. Nur wenn sie erkannt sind, kann aber darüber und über die kulturellen Entwicklungsschritte, die sich daraus ergeben, entschieden werden. Man müsste wissen, was in der Wildnis wirklich geschieht, ob Wildnis nur das ist, wo der Mensch noch nie gewirkt hat, oder ob man darunter eine Umwelt mit «wilden» Menschen verstehen kann – was auch immer dies ist.

Diese Diskussionen unterblieben erst recht, seitdem es das besagte Naturschutzgesetz gab. Wenngleich zwischen «Natur» und «Landschaft» im Gesetz nicht klar unterschieden wurde, so doch zwischen «Naturschutzgebiet» und «Landschaftsschutzgebiet». Letzteres wurde gewissermaßen zum Naturschutzgebiet zweiter Klasse, in dem mehr «erlaubt» war als im streng geschützten Naturschutzgebiet. Diese Ansicht hat sich mittlerweile weithin durchgesetzt, berücksichtigt jedoch gar nicht, dass die Begriffe Natur und Landschaft auf ganz anderen Ebenen liegen, der eine schließt das Prinzip des Wandels ein, der andere ist mit dem kulturellen Ziel einer Stabilität verbunden.

Um die Verwirrung zu komplettieren: Man wies vor allem solche Naturschutzgebiete aus, in denen ein Zustand bewahrt werden sollte, nämlich der Zustand einer Landschaft. Dies zeigt die Begriffsverwirrung um Natur und Landschaft deutlich. So wurde die Landschaft der Lüneburger Heide als Natur geschützt, genauso wie der Hasbruch und zahlreiche andere Reste von Nieder- und Hudewäldern sowie die Wacholderheiden auf der Schwäbischen Alb. Man bewahrte diese Gegenden dadurch wohl vor der agrarischen oder forstlichen Modernisierung sowie vor dem Bau technischer Anlagen, war sich aber nicht immer im Klaren, dass man zugleich ein Rezept für den Umgang mit dem Wandel der Natur braucht, um den schützenswerten Zustand dieser Gebiete zu bewahren. Viele Naturschützer verlangten, diese Gebiete nun sich selbst zu überlassen, «Natur Natur sein zu lassen». Und immer wieder wurde versucht, ein Gebiet wie die Lüneburger Heide doch als «natürlich» oder zumindest «halbnatürlich» oder «seminatürlich» darzustellen – was immer eine «Halbnatürlichkeit» auch sein mag. Naturwissenschaftlich exakt sind solche Begriffe keineswegs. Man kann Diskussionen um den Schutz der Natur führen und dafür im kulturellen Sinne Rudorffs eintreten. Doch ein Gesetz dazu wurde und ist ein Problem; es verhindert bis heute, dass die notwendigen wissenschaftlichen Diskussionen um die Begriffe Natur und Landschaft offen geführt werden.

Die Nachhaltigkeit des Naturschutzgesetzes

Nach dem Ende des nationalsozialistischen Terrors wurden viele gesetzliche Regelungen aus der Zeit des «Dritten Reiches» abgeschafft oder verändert, nicht aber das Naturschutzgesetz. Erst spät, in den siebziger Jahren des 20. und zu Beginn des 21. Jahrhunderts, kam es zu Novellierungen des Naturschutzgesetzes. Kernsätze wurden dennoch beibehalten. Die Frage, welche Natur denn nun zu schützen sei, wurde stets nur am Rande berührt. Neue Regelungen betrafen Einsprüche, ferner schuf man die Möglichkeit, Naturzerstörungen oder -beeinträchtigungen an anderer Stelle auszugleichen. Dies wurde von vielen begrüßt. Was man dabei aber nicht bedachte: Die Ausgleichsregelungen führen dazu, dass nicht nur dort, wo etwas gebaut wird, Landschaft zerstört oder beeinträchtigt wird, sondern auch an dem Ort, an dem man die Ausgleichsmaßnahme durchführt. Da wird ein Flussarm zugeschüttet, um einen Industriebetrieb zu errichten. Damit dies aber «erlaubt» sein kann, reißt man woanders einen Flussdeich nieder, um das Wasser in eine bisher eingedeichte Landschaft eindringen zu lassen. So zerstört man nicht nur eine, sondern gleich zwei Landschaften, um eine am einen Ort «zerstörte Natur» andernorts vermeintlich »wiederherzustellen».

Keineswegs wird auf diese Weise die Ausgleichsfläche wieder zur Natur; vielmehr wird sie umgestaltet. Die Ansicht, eine einmal intensiv genutzte Fläche renaturieren zu können, ist eine verbreitete Illusion. «Werk» der Natur ist auf solchen Flächen allein die Sukzession: In der ehemaligen Braunkohlegrube wie auf dem einstigen Industriegelände stellt sich neue Vegetation ein, sie entwickelt sich, wird von einer anderen Form von Vegetation ersetzt und so fort. Die Umgestaltung und Bepflanzung einer ehemals genutzten Fläche ist keine Schaffung von Natur, sondern ebenso Menschenwerk wie die Schaffung einer Industriefläche; sie ist allenfalls mit der Gestaltung eines Parks vergleichbar. Natur lässt sich nicht schaffen, wohl aber Landschaft, die sich vom Moment der Gestaltung an unter dem Einfluss von Natur entwickelt.

Hinter dem Begriff der Renaturierung steht der Naturbegriff der frühen Naturschützer: Sie wollten die «weniger moderne Landschaft» schützen. Macht man sich dies klar, wird deutlich, was mit Naturschutz mehr oder weniger bewusst beabsichtigt wurde und häufig auch heute noch wird: Ein älterer, weniger entwickelter Zustand von Landschaft soll bewahrt oder sogar wieder geschaffen werden. Dafür gibt es ästhetische oder kulturelle Gründe, aber keine naturgesetzlichen. Deswegen sollten sich diejenigen, die für den Schutz von Natur eintreten, um den Schutz von Landschaft bemühen. Denn wir können uns, auch wenn das nicht einfach ist, darüber verständigen, welche Landschaft wir haben möchten, nicht aber, in welcher Natur wir leben wollen. Natur besteht absolut. Auf Landschaft hingegen können wir Einfluss nehmen.

Zukunft für Landschaft

Naturschützer und Raumplaner verwalten die Umwelt

In den modernen Industriestaaten sind in den letzten Jahrzehnten immer bessere Umweltstandards für Wasser, Luft und Boden entwickelt worden. Zahlreiche Substanzen, deren Schädlichkeit für die Umwelt nachgewiesen wurde, dürfen heute nicht mehr verwendet werden, oder sie werden der Abluft und dem Abwasser durch Filter entzogen. In vielen Flüssen, die vor Jahrzehnten noch giftige Kloaken waren, kann man inzwischen wieder baden. Dies sind große Erfolge. Sie sind auf Neuentwicklungen technischer Verfahren zurückzuführen, und es handelt sich um positive Reaktionen auf negative Folgen der Industrialisierung im 19. und 20. Jahrhundert.

Umweltschutz lässt sich von Wissenschaftlern betreiben, die Analyseergebnisse erheben, interpretieren und Maßnahmen finden, wie Missstände zu beheben sind. Es gibt Ämter, die sich mit den gemessenen Umweltparametern zu Wasser, Boden und Luft befassen sowie Strategien entwickeln, wie mit ihnen umzugehen ist; das ganze Land ist in Wasser- und Bodenverbände eingeteilt, die von analytisch versierten Naturwissenschaftlern betreut werden. Umweltschutz liegt mithin im Fokus moderner Ingenieurs- und Naturwissenschaft.

Probleme aber gibt es mit dem Naturschutz. Er ist nicht naturwissenschaftlich zu begründen, er lässt sich nicht analytisch untersuchen. Eine «artenreiche Natur» ist nicht automatisch die «bessere Natur»; eine «stabile Natur» im «natürlichen Gleichgewicht» gibt es nicht, denn Natur entwickelt sich stets weiter. Das Naturschutzgesetz gibt vor, eine naturwissenschaftliche Grundlage zu haben, es wird von vielen für sakrosankt gehalten. Bestimmungen, die mit dem Gesetz im Zusammenhang stehen oder von dessen Schutzvorstellungen abgeleitet wurden, umgeben uns allerorten. Man kann – wohl als Folge der Unsicherheit mit den eigentlichen Schutzzielen – eine Inflation von Schutzgebietskategorien feststellen. Heute gibt es nicht nur Natur- und Landschaftsschutzgebiete, sondern auch Nationalparks, Naturparks, Naturschutzparks, Biosphärenreservate, Feuchtgebiete von internationaler Bedeutung, Vogelschutzgebiete und FFH-Gebiete, in denen Fauna,

Flora und Habitate (Lebensräume) geschützt werden. Die Grenzen dieser Gebiete sind manchmal, aber nicht immer identisch, sie werden zu Biotopverbünden zusammengefügt.

Raumplaner schaffen ebenfalls immer wieder neue Kategorien von Gebieten und zahlreiche neue Abgrenzungen. Sie definieren städtische und ländliche Räume, grenzen sie voneinander ab und fragen sich, warum deren Unterschiede in der so genannten «Zwischenstadt» immer mehr verschwimmen. Einen «Landschaftswissenschaftler», so es dieses Fach denn gäbe, würde dies hingegen kaum wundern; denn Stadt und Land waren noch nie so scharf voneinander getrennt, wie manche meinen, stets gab es mehr oder weniger intensive Wechselwirkungen zwischen beiden Siedlungstypen. Erst recht ist dies unter dem Einfluss moderner Telekommunikation der Fall. Planer definieren Metropolregionen und denken in Achsen. Dies soll die optimale Verwendung oder Verteilung staatlicher Fördermittel ermöglichen.

Landschaft und Ökosystem haben mit gegeneinander abgegrenzten Regionen aber nicht viel, vielleicht sogar nichts gemeinsam. Abgrenzungen braucht man lediglich, um Verwaltungsgebiete zu definieren und um festzulegen, wo welche administrativen Maßnahmen zu gelten haben, wo etwas gefördert werden soll, wo nicht. Landschaft und Ökosystem sind grenzenlos: Wäre dem nicht so, müsste man sagen, ein Fluss flösse von einem Ökosystem ins andere, ein Vogel verlasse ein Ökosystem, um in ein benachbartes zu fliegen. Vom Mont Ventoux oder von der Villa aus überblickt man grenzenlose Landschaft.

Landschaften sind durch natürliche Entwicklungen, Gestaltungen der Menschen und durch Metaphern geprägt. In ihnen lassen sich zahlreiche Einzelheiten analysieren, von der Biodiversität über den Pflegezustand der Parks bis hin zum Erhaltungszustand denkmalgeschützter Bauten. Dafür sind Experten mit unterschiedlichen fachlichen Ausbildungen verantwortlich. Alle sehen den Raum mit anderen Augen, und dabei vor allem das, womit sie fachlich vertraut sind. Aber kaum einer blickt auf das Ganze. Es lässt sich nicht durch Einzelanalysen, sondern nur durch eine umfassende Synthese erfassen: die Landschaft als «Totaleindruck einer Gegend».

Die Planer des Neuen müssen Kompromisse mit den Wahrern des Alten, Traditionellen finden – und das für jede konkrete Landschaft, die es nur ein einziges Mal gibt. Ein solcher Kompromiss ist nicht mit naturwissenschaftlichen oder ökonomischen Kriterien allein zu erreichen; er bedarf stets einer Kultur der Einigung unter Menschen. Doch der Konsens wird immer wieder verhindert, wenn jede «Partei» nur einen Teilbereich des Ganzen sieht. Die zahlreichen Konflikte um Planungen führen dazu, dass notwendige Projekte nicht ausgeführt werden, dass sich die einen als «Sieger», die anderen als «Unterlegene» fühlen und dass sehr viel Zeit und finanzielle Mittel in Gutachten, Prozesse und Ausgleichsmaßnahmen gesteckt werden, die unsere Gemeinwesen allenfalls schleppend vorwärts bringen.

Die Europäische Landschaftskonvention

Einen Ausweg aus dieser Krise bietet die Landschaftskonvention des Europarates an. Sie ist von zahlreichen Staaten bereits ratifiziert, nicht aber von Deutschland. Man meint, hierzulande sei durch die Naturschutzgesetze alles bestens geregelt, auch der Umgang mit Landschaften (im Sinne des Naturschutzgesetzes). Doch es geht in der Landschaftskonvention nicht nur um definierte Landschaftsschutzgebiete, sondern um die «Tatsache, dass Landschaft überall ein wichtiger Bestandteil der Lebensqualität der Menschen ist: in städtischen Gebieten und auf dem Land, in geschädigten Gebieten wie auch in Gebieten, die von hoher Qualität sind, in besonders schönen Gebieten wie auch in gewöhnlichen Gebieten.» Da ist nicht von Abgrenzungen die Rede, sondern Landschaft wird definiert als «ein vom Menschen als solches wahrgenommenes Gebiet, dessen Charakter das Ergebnis des Wirkens und Zusammenwirkens natürlicher und/oder anthropogener Faktoren ist».

Ziel der Konvention ist es, Landschaft zu schützen, zu pflegen und zu gestalten; dies ist wichtig für die Identität der jeweiligen Landschaft und mithin auch für die Menschen, die in ihr leben, denn die Landschaft ist gewissermaßen ein Spiegel der Menschen, ihres Handelns und ihrer Wünsche. Die Landschaft wird nicht erst geschaffen, während die Menschen in den Spiegel sehen. Sie ist stets vorhanden, muss aber entdeckt werden. Der Bildung und Ausbildung in Schulen und Hochschulen als Voraussetzung für das Erkennen der Landschaft soll laut Europäischer Landschaftskonvention besondere Beachtung geschenkt werden. Die Bevölkerung soll in die Lage versetzt werden, sich mit ihrer Landschaft nicht nur oberflächlich zu befassen, sie soll sie bewerten und Qualitätsziele formulieren. Diese Ziele sollten dann – so die Absicht – in Planungsprozessen vertreten werden.

Die Landschaftskonvention ist keine neue Variante von Naturschutz, sondern etwas grundsätzlich Neues. Statt den Einzelbestimmungen des Naturschutzes weitere hinzuzufügen, zeigt sie einen Weg auf, die Landschaft als Ganzes zu erfassen – als etwas, das ebenso wie das Ökosystem keine Grenzen hat. Fachleute sollen ihr Wissen an einem Runden Tisch präsentieren und alle gesellschaftlichen Gruppen über die Zukunft ihrer Landschaft beraten. Diese kann klein oder groß sein, sie kann einem Ortsteil oder einer Gemeinde entsprechen, aber auch einem ganzen Land.

Dieses Vorgehen halten viele nicht für praktikabel, für zu umständlich und zu sperrig. Ihnen ist es wichtiger, dass klare Standards festgelegt werden. Aber der jahrzehntelange Umgang mit immer neuen Versuchen, den Naturschutz zu optimieren, zeigt, dass sich die geforderten Standards nicht objektiv festlegen lassen, ohne totalitären Interessen Vorschub zu leisten. Es gibt keinen anderen demokratischen Weg, als sich miteinander geduldig zu verständigen.

Dafür ein klares Bewusstsein zu entwickeln ist heute notwendiger denn je. Wir brauchen das Wissen um die Bedeutung der Landschaft, um eine Krise zu meistern, die uns aktuell bedroht.

Von der Nahrungskrise zu einer neuen Nachhaltigkeit?

Die Menschheit hat immer wieder Grenzen des Wachstums überwinden können. Stets wurden neue Möglichkeiten gefunden, den Bedarf der wachsenden Menschheit mit dem Lebensnotwendigen zu decken. Wachstumsgrenzen der menschlichen Population wurden zuletzt in der Zeit der Industrialisierung durchstoßen; dank der Errungenschaften der Industrie kam man an die scheinbar in unendlicher Menge vorhandenen Rohstoffe Kohle und Erdöl sowie an Düngemittel heran. Mit der Nutzung dieser Ressourcen gelang es, sowohl mehr Menschen qualitativ hochwertiger zu ernähren als auch Nutzflächen zu erweitern. Doch heutzutage werden Rohstoffe wieder knapp, und zwar nicht nur Erdöl, sondern auch Grundnahrungsmittel. Diese Entwicklungen verlangen es, neue Wege der Landnutzung zu gehen.

An zahlreichen Orten entstanden in den vergangenen Jahren Windräder und Solaranlagen, die das Erscheinungsbild der Landschaft veränderten. Diese Anlagen wurden errichtet, in der Absicht, auf eine «saubere» Weise Energie zu gewinnen, aber zum großen «Deal» wurden sie erst durch großzügige Subventionen und Steuernachlässe. Es soll nicht in Abrede gestellt werden, dass der Staat auf diese Weise vorsorgen wollte: Aber viele Experten meinen heute, man habe Wind- und Solaranlagen zu voreilig installiert und hätte besser damit gewartet, bis ausgereiftere Systeme zur Verfügung stehen und ein Gesamtkonzept der Energiegewinnung unter Einschluss dieser Anlagen entwickelt ist. Die Diskussion um Windräder hat sich inzwischen verlagert: Vor allem bewegt viele Menschen, ob die sich drehenden Flügelräder Landschaft zerstören.

Viel dramatischer sind andere Veränderungen, die sich abzeichnen. Nach Jahren der landwirtschaftlichen Überproduktion, in denen Agrarflächen stillgelegt wurden, werden sie nun knapp. Ein paar Jahre lang rechnete man damit, vor allem mit der Produktion von nachwachsenden pflanzlichen Rohstoffen für die Energiegewinnung verhindern zu können, dass noch mehr Agrarflächen stillgelegt werden müssten. Nun scheint diese Vorstellung schon wieder überholt zu sein, denn die betreffenden Flächen werden erneut für den Anbau von Nahrungspflanzen gebraucht. Die Verknappung der Rohstoffe, die sich beispielsweise in einer Vervierfachung des Weizenpreises in den letzten zehn Jahren niederschlägt, geht nicht einmal so sehr auf das weltweite Bevölkerungswachstum zurück, sie hängt vor allem damit zusammen, dass die Ansprüche der Menschen nach immer hochwertigeren Erzeugnissen bei Nahrung und Treibstoffen gestiegen sind. Dies ist besonders in den so genannten Schwellenländern mit ihrem rasch wachsenden, aber immer noch bescheidenen Wohlstand der Fall, in China, Indien oder Brasilien.

Mit der Ausweitung des Kulturpflanzenanbaus auf mineralarmen tropischen Böden lässt sich die Versorgungslücke nicht schließen. Die klimatischen Bedingungen der Tropen stehen dem entgegen. In den inneren Tropen regnet es jeden Tag; es gibt keine trockene Periode für Reifung und Ernte von Getreide. Und in den äußeren Tropen ist der Wechsel zwischen Regen- und Trockenzeit zu stark: In der Regenzeit können ganze Agrarlandschaften zerstört werden, wie 2008 durch einen einzigen Zyklon in Birma. Der Blick der Getreideproduzenten richtet sich also auf die fruchtbaren Lössregionen der gemäßigten Breiten in Eurasien und Nordamerika mit ihren für Ackerbau günstigeren klimatischen Bedingungen.

Der Druck, in den heimischen Landschaften mehr Korn zu produzieren, wird also ansteigen, und es wird wieder wie vor vielen Jahrzehnten vorrangig darum gehen, möglichst viele Flächen für den Getreidebau zu nutzen. Diese Entwicklung ist schon im vollen Gang: Felder, die lange nicht mehr bearbeitet wurden, werden zurück in die Produktion genommen, Grünland wird umgebrochen, damit Saat für Korn ausgebracht werden kann. Wie wird dabei aber mit der Landschaft umgegangen? Wo wird es gelingen, nachwachsende Rohstoffe für die Herstellung von Biosprit zu produzieren, wenn die Flächen für den Getreidebau gebraucht werden?

Um diese Fragen zu beantworten, sollte man an Überlegungen und Absichten zur nachhaltigen Produktion aus der Zeit vor der massenhaften Einführung von Kohle und Erdöl anknüpfen. Damals ersann und praktizierte man später aufgegebene Verfahren der Landnutzung, um mehr Pflanzen für die Nahrungsmittelproduktion und die Brennholzgewinnung zu erhalten. Man nutzte das, was als Landschaft vorhanden war, optimal aus, betrieb den Anbau von Korn und Wein auch auf Steilhängen, die kunstvoll terrassiert waren. Heute, nach Aufgabe der Felder und Gärten, sind viele dieser Anlagen von Gesträuch überwachsen. Damals konnte man noch keinen Mineraldünger im Wiesenbau verwenden, sondern bewässerte das Grünland mit mineralstoffreichem Wasser. Holz gewann man an Hecken und in Niederwäldern. Energie wurde an Flusswehren erzeugt, über die heute das Wasser oft ungenutzt abfließt. Man könnte sie wieder in Betrieb nehmen. Solche Maßnahmen haben kleine Wirkungen, aber insgesamt helfen sie, Wege in die Zukunft zu finden. Um alte Anlagen wieder in Betrieb nehmen zu können, braucht man Kenntnisse, die sich in der Landschaft gewinnen lassen. Dort kann man erfassen, wo und wie sie genutzt wurden. Anschließend lassen sich Pläne entwickeln, wie ihre Bewirtschaftung in Zukunft wieder funktionieren könnte.

Darüber hinaus ist es möglich und sinnvoll, bestimmte spezielle Verfahren aufzudecken und wieder einzuführen. Dafür nur ein Beispiel: In

Italien baute man Beerenobst unter Erlen an. Das gab gute Erträge, denn an den Wurzeln von Erlen sitzen Bakterien, die Stickstoff aus der Luft binden. Im Laub der Erlen, das im Herbst zu Boden fällt, sind Stickstoffverbindungen enthalten, die von anderen Pflanzen genutzt werden können. Eine weitere Stickstoffdüngung ist nicht erforderlich, und Stachel- oder Johannisbeeren bringen dennoch Spitzenerträge. In «freier Natur» sind Erlenbruchwälder derart fruchtbar, dass Brennnesseln dort alljährlich zwei Meter hoch werden. Das Gute an einer solchen Kultur: Man könnte sie auf Böden einführen, die zu feucht für das Wachstum von Getreide sind. Beerenobstkulturen auf trockenen und mineralisch gedüngten Flächen könnten zu Gunsten des Anbaus von Getreide aufgegeben werden.

Ähnliche Steigerungen der Erträge wie unter den Erlen sind auf trockenem Boden durch das Pflanzen von Robinien und anderen Hülsenfrüchten sowie Sanddorn möglich. Auch diese Pflanzen leben in Symbiosen mit Stickstoff fixierenden Mikroorganismen; sie und die Standorte in ihrer Umgebung müssen dann nicht mit Stickstoff gedüngt werden. Will man solche Verfahren anwenden, ist es notwendig, zunächst zu beobachten, was in einer Landschaft bereits funktioniert oder funktioniert hat. Nur eine sehr sorgfältige Analyse, ein genaues «Lesen der Landschaft», kann dies zutage fördern. Jedermann kann dadurch Hinweise erhalten, wie er künftig Land nutzt.

Die Pflanzenproduktion sollte gegenüber der Fleischproduktion intensiviert werden. Es ließen sich viel mehr Menschen ernähren, wenn man nur noch dort Tiere weiden und Viehfutter wachsen ließe, wo man keinen Ackerbau betreiben kann, so wie das vor Jahrzehnten noch üblich war: Die genaue Analyse der Landschaft zeigt, wo diese Bereiche liegen. Auf diese Weise ließen sich nicht nur größere Mengen an Getreide anbauen, sondern auch zahlreiche Probleme lösen, die mit der zu billigen Produktion von Fleisch zusammenhängen.

Nachwachsende Rohstoffe für die Energiegewinnung sollten nicht dort angebaut werden, wo sich auch Getreide kultivieren lässt, sondern andernorts: beispielsweise auf ehemalig industriell genutzten Flächen, auf den Anlagen von früheren Bahnhöfen und dort, wo der Bergbau das Land geprägt hat. Anstelle ehemaliger Braunkohlegruben werden nun immer wieder Seenlandschaften geschaffen. Sie sind schön, aber ist dies denn wirklich die einzige Form der «Renaturierung», die diesen Namen ohnehin nicht verdient? Man könnte in den ehemaligen Braunkohlegruben ja auch nachwachsende Rohstoffe anbauen. Selbst auf den Halden von Salzbergwerken wäre dies möglich. Allerdings gedeihen dort eventuell die Pflanzen nicht, die man «normalerweise» zur Biogasherstellung oder zur Bereitung von Biosprit nutzt, beispielsweise Mais. Man müsste dort eben diejenigen Gewächse anbauen, die auf den kontaminierten Böden zu wachsen imstande sind: Der Queller und weitere Pflanzen, die man von den Meeresküsten kennt, wachsen auch auf Salzstandorten des Binnenlandes, eine bestimmte Form der Grasnelke und andere Kräuter gedeihen auf Böden, die Blei, Quecksilber oder Cadmium enthalten. Ihr Anbau hätte wohl eine interessante Nebenwirkung: Allmählich könnten die Pflanzen Schadstoffe aus dem Boden entfernen, die in ihm eingelagert sind. Bei der Weiterverarbeitung der Rohstoffe müsste man die Schadstoffe herausfiltern. Das wäre möglicherweise einfacher und billiger, als einen Bodenaustausch durchzuführen, bei dem weit größere Mengen an Material zu entsorgen wären. Mit einem Anbau von nachwachsenden Rohstoffen in Industrie- und Bergbaufolgeregionen könnte man Landschaft nicht nur neu gestalten, sondern darüber hinaus noch notwendige Ressourcen gewinnen und – ein sicher nicht unerwünschter Nebeneffekt – Geld verdienen, wobei langfristig der Standort zum Nulltarif saniert wird.

Würde man die Ressourcen der Landschaft, die uns umgibt, richtig nutzen, könnte man auf Dauer zahlreichen Tier- und Pflanzenarten eine Lebensmöglichkeit in unserer Umgebung geben. Immer wieder gäbe es Flächen, an denen Offenlandpflanzen gedeihen, immer wieder gäbe es heranwachsende Sträucher, an denen Vögel Nahrung finden könnten. Es sollte sich künftig verbieten, für «Naturzerstörung» an dem einen Ort Ausgleichsflächen an anderer Stelle auszuweisen. Denn man braucht auch solche Flächen zum Anbau von Kulturpflanzen.

Dass sich mit diesen Maßnahmen allein dauerhaft eine Versorgungskrise der Menschheit lösen lässt, ist sicherlich eine Illusion. Aber die Wiederaufnahme historischer Nutzungsformen bei Beachtung der Potentiale, die in den Landschaften zu finden sind, wird helfen, die Versorgungskrise zu meistern.

Die drohende Isolation der Landnutzer

Nachhaltigkeit umzusetzen ist nicht nur die Aufgabe von Land- und Forstwirten. Dies muss Sache der breiten Öffentlichkeit sein. Die sogenannten ländlichen Räume machen derzeit noch weitere Entwicklungen durch, die unser aller Beachtung verlangen. Immer weniger Landnutzer bewirtschaften immer größere Flächen. In vielen ländlichen Siedlungen der Industrieländer gibt es heute nur noch einen oder zwei Landwirte, in anderen sind die Höfe längst ausgesiedelt worden, und kaum jemand im Dorf befasst sich mehr vorrangig mit Landwirtschaft. Die Dorfbewohner brauchen nicht in der Nachbarschaft der wenigen verbliebenen Landwirte zu leben. Entscheidend aber ist: Vielerorts sind die zurückgebliebenen Landwirte von sozialer Isolation und Verlust von Infrastruktur betroffen. Immer weniger lohnt es sich noch für Ärzte, Apotheken, Geschäfte und Verwaltungen, in solchen Gegenden präsent zu sein; Eisenbahn- und Omnibusanschlüsse werden abgebaut, es rentiert sich nicht, dort Sendemasten für moderne Telekommunikationsnetze zu errichten. Anreize sind notwendig, um Menschen das Leben auf dem Land wieder attraktiv zu machen. Die Vision, dass sich Menschen, die an Computern arbeiten, in die Einsamkeit zurückziehen und nur durch das Internet miteinander verbunden bleiben, hat sich als Illusion erwiesen: Gerade sie brauchen die «echte» Kommunikation von Person zu Person, sie sind offensichtlich sehr mobil und bevorzugen urbane Wohnplätze.

Wir brauchen klare Hinweise, was ländliche Gebiete attraktiv macht. Wenn es Lage, Infrastruktur und Arbeitsplätze nicht sind, dann doch die charakteristischen Merkmale, die Orte unverwechselbar erscheinen lassen: Bauten und Landschaften. Viele Menschen sind sich der besonderen Qualitäten nicht bewusst, die daher rühren, und sie haben infolgedessen vielleicht auch Schwierigkeiten, emotionale Bindungen an die Orte einzugehen, an denen sie leben.

Praktizierter Landschaftsschutz könnte auch neue Arbeitsplätze auf dem Land entstehen lassen: zum Beispiel Landschaftsbeauftragte, die den Experten in Wasser- und Bodenverbänden zur Seite gestellt würden. Sie hätten die Aufgabe, über die Perspektive für jede Landschaft fachlich aufzuklären und bei der Umsetzung von Geplantem anzuleiten. Sollen die Potentiale von gewachsenen Landschaften für die Gewinnung von nachwachsenden Rohstoffen genutzt werden, kämen noch andere Arbeitsplätze hinzu: für diejenigen, die Hecken schneiden, Niederwälder bewirtschaften, Bewässerungsgräben und Wehre pflegen. Diese Arbeiten müssten sicherlich teilweise aus Steuermitteln finanziert werden, auch könnte es sich nicht in allen Fällen um volle Stellen mit geregelter Arbeitszeit handeln. Man kann jedoch bei solchen Tätigkeiten klarer als bei «Naturschutzarbeit» darauf verweisen, dass es hier um eine ganz spezifische Landschaft geht, die als Leitbild bestehen bleiben soll. Auf diese Weise ließen sich die Landschaften erhalten, die man schätzt, man könnte Rohstoffe zur Energieerzeugung gewinnen und zugleich einen effizienten Arten- und Biotopschutz leisten. Denn nur wenn Heideflächen, Niederwälder und Hecken richtig gepflegt werden, bleiben sie Lebensraum für Pflanzen und Tiere, die man aus kulturellen Gründen dort erhalten möchte.

Landschaften der Nachhaltigkeit

Eine Zukunft für die Landschaft und mithin auch für die in ihr lebenden Menschen ist nicht zu finden, wenn weiterhin nur sektoral geplant wird. Nachhaltigkeit lässt sich nicht verwirklichen, indem auf der einen Fläche die Ökologie (oder ein häufig damit gemeinter wie auch immer gearteter Naturschutz), auf einer anderen die Ökonomie und auf einer dritten das Soziale Priorität hat. In jeder Landschaft sind zugleich ökologische, ökonomische und soziale Belange zu bedenken. Jede Landschaft gibt es nur einmal, für jede von ihnen soll eine optimale Gegenwart und Zukunft gefunden werden. Dazu zählt in jedem Fall eine möglichst große Vielfalt an Tier- und Pflanzenarten.
Emotionale oder heimatliche Bindungen kann man nicht nur an die eine Landschaft seines Geburtsortes entwickeln. Zumeist aus beruflichen Gründen wechseln heute viele Menschen mehrfach in ihrem Leben den Wohnort. Nur derjenige aber fühlt sich am neuen Wohnort wohl, der auch emotionale Bindungen zu ihm eingeht. Die Alteingesessenen sollten die Chance wahrnehmen, Zugezogene an ihren Wohnort zu binden: gerade im ländlichen Raum könnte es sich als sinnvoll erweisen, um jeden Einwohner zu kämpfen. Es spielt dabei übrigens keine Rolle, woher der Zugezogene kommt, ob er «Inländer» oder «Aus-

länder» ist. Eine emotionale Bindung an seine neue Heimat braucht er in jedem Fall! Das aber ist keineswegs nur ein intellektueller Prozess, sondern lässt sich am besten durch menschliche Kontakte, durch Gespräche fördern. Gespräche brauchen Themen. Kaum ein anderes Thema als Landschaft und Heimat ist so gut geeignet, Alteingesessene und Neubürger, Junge und Alte zusammenzubringen; jeder ist davon betroffen. Handarbeitskreise, Musikgruppen, Skatrunden, Sportvereine und die Feuerwehr bringen nur bestimmte Gruppen an einen Tisch, entweder die Frauen oder die Männer, die Alten oder die Jungen. Aber für Landschaft und Heimat kann sich jeder interessieren und begeistern.

Landschaftswissenschaft in Forschung und Lehre

Die theoretischen Grundlagen für den praktischen Umgang mit Landschaft kann das Fach Landschaftswissenschaften legen. Es umfasst die Darstellung erstens der natürlichen Prozesse, zweitens der Gestaltung der Landschaft und drittens der Metaphern, die mit Landschaften verbunden werden.

Die wissenschaftliche Beschäftigung mit Landschaft setzte seltsamerweise genau zu einer Zeit ein, als sich die Fächer, die an diesem Thema eigentlich gemeinsam hätten arbeiten sollen, voneinander absetzten, sich geistes- und naturwissenschaftlichen Fakultäten zuordneten. Das war im 19. Jahrhundert. Heute erweist sich, dass die Trennung in die beiden «Reiche» der Wissenschaften für die ganzheitliche Beschäftigung mit Landschaft nicht günstig war. Um Landschaftswissenschaft als Disziplin zu begründen, braucht man Kenntnisse aus beiden Bereichen, auf jeden Fall aus der Geschichte, der Kunstästhetik und Kunstgeschichte, der Philosophie, der Geographie, der Geologie, der Ökologie, aus der Soziologie, der Ökonomik und Agrarwissenschaft, der Raumplanung und Landschaftsarchitektur.

Keine der genannten Disziplinen entspricht genau der Landschaftswissenschaft. Vertreter einiger Fächer sind dennoch besonders prädestiniert, sich vorrangig mit Landschaft zu beschäftigen. Geographen können Landschaftswissenschaftler sein, wenn sie zwischen natürlichen Prozessen und Gestaltungen durch Menschen im Lauf der Landschaftsgeschichte klar unterscheiden. Ihre Landkarten sind Grundlage für die

Erklärung von Landschaften. Aber die natürlicherweise bestehenden Landschaften lassen sich nicht genauso strikt voneinander abgrenzen wie politische Räume. Ökologen gehen stärker als Landschaftswissenschaftler von der Analyse aus. Sie sollten sich immer wieder klarmachen, dass Ökosysteme genauso wie Landschaften keine klaren Grenzen haben. Ökologen beschreiben Ökosysteme als Beziehungsgefüge von Elementen der Natur mit unendlich vielen Wechselwirkungen. Ebenso wie viele Geographen unterscheiden sie nicht klar genug zwischen natürlichen Prozessen und Menschenwerk. Auch Raumplaner und Landschaftsarchitekten sind nur dann prädestinierte Landschaftswissenschaftler, wenn sie sich ausreichend mit der Erfassung des Status quo befassen.

Aufgabe der Landschaftswissenschaft ist es also, eine klarere Differenzierung zwischen natürlichen Vorgängen, menschlichem Handeln und Bewertungen in einer Landschaft herauszuarbeiten, um deren Zusammenwirken besser erklären zu können. Auf dieser allgemeinen Basis ließen sich Darstellungen einzelner Landschaften erarbeiten, die sich nicht entweder auf Geographie oder Ökologie oder Kulturgeschichte allein erstrecken, sondern die Zusammenhänge zwischen allen drei Aspekten aufzeigen. Sie würden Kapitel über Gesteine und Böden, Tiere und Pflanzen, Naturgeschichte und Nutzungsgeschichte, über die Menschen und auch über die Bedeutung enthalten, die eine bestimmte Landschaft für Dichtung und Malerei hatte. Keines dieser Themen steht isoliert; immer geht es um Zusammenhänge, und erst dann, wenn wir die einzelnen Aspekte zusammenführen, stellen wir Landschaft richtig dar.

Viele Vorstellungen, die mit dem derzeit diskutierten «Global Change» in Verbindung gebracht werden, machen deutlich, dass uns die Wissensbasis einer Landschaftswissenschaft fehlt. Immer wieder wird ein «Normalzustand» des Klimas definiert, den es in der sich dauernd ändernden Natur nicht gibt. Man wundert sich über Verschiebungen von Temperaturwerten und die dabei zu beobachtende Dynamik, die zwar vom Menschen verursacht sein können, möglicherweise aber auch damit zu begründen sind, dass sich ein natürlicher Parameter wie das Klima prinzipiell dauernd verändert.

Wir bedenken nicht, dass sich die Stabilität der Landschaft in erster Linie menschlichem Einsatz verdankt und auch gegen die Natur durchgesetzt wurde. Landschaft ist eingeebnet oder terrassiert, wo Boden-erosion droht. Das niedrig gelegene Land an der Küste ist eingedeicht; eigentlich würden dort Ebbe und Flut als Elemente der Natur vorherr-schen. Landschaft ist bewässert, wo Wassermangel droht. Seit Jahrtau-senden ist die Landschaft vom Menschen auf eine Weise gestaltet, dass in ihr viel mehr Menschen leben können als allein unter dem Einfluss der Natur. Diese Landschaft weist auch bestimmte Standortqualitäten für spezielle Tiere und Pflanzen auf. Darüber hinaus werden nicht we-nige Landschaften als schön empfunden. In ihnen herrschen zwar Na-turgesetze und gedeihen Erscheinungen der Natur, aber sie gehören zu den wichtigsten kulturellen Werten in unserer Umgebung.

Ob die aktuellen Vorhersagen zur Klimaentwicklung nun eintreten oder nicht: Wir kommen nicht umhin, auf sie zu reagieren, und dazu gehört nicht zuletzt, dass wir alles, was uns aus kultureller Sicht wich-tig ist, so gut wie möglich schützen: Landschaften, die Lebewesen, die darin vorkommen, die Siedlungen, nicht zuletzt uns selbst.

Landschaft als Menschheitstraum

Wenn wir alle besser über unsere Landschaften Bescheid wissen, wenn jeder Verständnis dafür aufbringt, dass dort ökonomisch agiert werden muss, dass Tiere und Pflanzen sowie landschaftliche Strukturen un-seres Schutzes bedürfen und dass soziale Bindungen nicht nur unter Menschen, sondern auch zwischen Mensch und Landschaft bestehen: Haben wir dann endlich Nachhaltigkeit erreicht? Aus naturwissen-schaftlicher Sicht wird dies niemals möglich sein, denn es kommt stets zu natürlichen Veränderungen. Nachhaltigkeit im Sinne der Naturwis-senschaften würde einem Perpetuum mobile entsprechen, mit einer einzigen Alternative, nämlich der, dass alles gleich bliebe, nichts sich veränderte. Doch dies wäre nur in einer jenseitigen Welt, in einem Para-dies möglich.

Dennoch ist es vernünftig, sich aus kulturellen Gründen um nachhal-tiges Wirtschaften und Leben zu bemühen. Wir können und müssen immer wieder versuchen, auf die Zukunft einen positiven Einfluss zu nehmen. Ein Weg dazu ist es, frühere Möglichkeiten der Ressourcen-nutzung in der Landschaft zu erkennen und wieder zu beleben. Und wir brauchen darüber hinaus neue Verfahren, um mehr Nahrung und mehr Energie zu erzeugen.

Dies wird unter zwei Voraussetzungen geschehen: Entweder die Not wird so groß, dass wir gar nicht anders können, als so zu handeln. Oder die Menschen gewinnen Freude daran, ihre Landschaften auf eine Weise zu nutzen, dass sie ihre Identität wahren, dass typische Strukturen erhalten bleiben. Nur der zweite Weg führt an den gefährlichen Formen von Übernutzung vorbei, die weit reichende Devastierungen zur Folge haben, beispielsweise das planlose Abholzen der Wälder, wie es nicht nur im Mittelalter zu beobachten war, sondern auch in jüngerer Zeit in Krisenregionen, etwa im Deutschland der Nachkriegsjahre oder in Südosteuropa während des Bosnienkrieges.

«Landschaft» ist ein zentrales Thema für die Zukunft. Neben Analysen benötigen wir die Synthese, um Perspektiven für die Zukunft zu entwickeln. Perspektive aber braucht einen Namen, sprechen wir also versuchsweise von Landschaft als kulturell bestimmtem Raum mit dem Ziel der Nachhaltigkeit.

Versuch eines Fazits: Ein moderner Umgang mit unserer Umwelt

Wenn wir uns intensiv mit Landschaft befassen, schützen wir nicht nur Natur oder das, was wir so nennen und was eigentlich eine Landschaft der Vergangenheit ist. Vielmehr treten wir auch für die Bewahrung von Spuren traditioneller Landnutzung ein. Sie stehen im Zusammenhang mit der wohl bedeutendsten Erfindung der Menschheit: der Einführung und Optimierung von Ackerbau. Und wir machen uns den Charakter von Metaphern zur Landschaft bewusst: Nur wenn wir erkannt haben, was in der Landschaft auf Natur, auf menschlichen Einfluss und auf Metaphern zurückgeht, können wir eine Verständigung zwischen «Landschaftsnutzern» und «Landschaftskennern» erreichen und objektive Ziele für die Planung von Landschaft der Gegenwart und Zukunft formulieren.

Jede konkrete Landschaft lässt sich nur dann bewahren, wenn alle, die an ihr interessiert sind, sich darüber einig werden, wie dies zu geschehen hat. Da dürfen nicht die einen nur Forderungen stellen, die andere dann zu erfüllen haben, sondern jeder sollte sich an der Gestaltung der

Landschaft beteiligen können, in der und von der er lebt. Die Notwendigkeit dafür steigt, denn Ressourcen werden knapp, und die Bedrohung, die von den Menschen für andere Lebewesen ausgeht, nimmt immer mehr zu. Eine richtig verstandene Landschaftspflege könnte hier eine Perspektive für alle sein. Dazu aber ist Respekt unabdingbar: Respekt der Menschen voreinander und Respekt vor der Landschaft, die eben nicht nur Natur ist, sondern ein in Jahrtausenden gewachsenes und weiter wachsendes Geschichtsbuch, das man lesen kann und an dem man weiterschreiben wird – als Landwirt, als Planer oder als einer, der Landschaft «nur» beobachtet und liebt.

Dank

Vorarbeiten zu diesem Buch konnte ich in Projekten leisten, die von der Deutschen Forschungsgemeinschaft, der Bundesstiftung Umwelt, der Stiftung Niedersachsen, der Volkswagen Stiftung und der Europäischen Union gefördert wurden. Sehr anregend waren die Gespräche mit Guus Borger, Rita Colantonio, Carl Duve (†), Linda Anne Engelhardt, Gotthardt Frühsorge, Wolfgang Haber, Ansgar Hoppe, Dominik von König, Georg Kossack (†), Knut Krzywinski, Ulf Küster, Josef Nolte, Georgios Pandalis, Paul Petersen, Richard Pott, Anngret Simms, Heinrich Spanier, Aldo Venturelli, Klaus Wächtler und Ernst-Peter Wieckenberg. Mein Vater Götz Küster war der erste Leser dieses Textes. Allen danke ich sehr herzlich – ebenso wie dem Verlag C. H. Beck, besonders Wolfgang Beck, Stefan Bollmann, Angelika von der Lahr und Konstanze Berner.

Hannover, Juni 2008
Hansjörg Küster

Literatur

Allgemeines

Busch, W. (Hrsg.), Landschaftsmalerei. Berlin 1997.

Haaren, C. von, Landschaftsplanung. Stuttgart 2004.

Haber, W., Was ist Landschaft? Zu Geschichte und Selbstverständnis der Land-schaftsökologie. In: B. Busch (Hrsg.), Erde. Bonn 2002, 361–372.

Küster, H., Geschichte der Landschaft in Mitteleuropa. Von der Eiszeit bis zur Gegenwart. 3. Auflage, München 1999.

Küster, H., Geschichte des Waldes. Von der Urzeit bis zur Gegenwart. 2. Auflage, München 2003.

Uerscheln, G., Meisterwerke der Gartenkunst. Stuttgart 2006.

Uerscheln, G., und M. Kalusok, Kleines Wörterbuch der europäischen Garten-kunst. Stuttgart 2001.

Wimmer, C. A., Geschichte der Gartentheorie. Darmstadt 1989.

1 Was ist Landschaft?

Boccaccio, G., Das Dekameron. Vollständige Ausgabe in der Übertragung von Karl Witte. Durchgesehen von Helmut Bode. München 1952.

Colantonio Venturelli, R., Il paesaggio: concetto ed espressione fisica. Nuova Informazione Bibliografica 3(4), 2006, 637–652.

Haversath, J.-B., Die Agrarlandschaft im römischen Deutschland der Kaiserzeit (1.–4. Jh. n. Chr.). Passau 1984.

Humboldt, A. von, Ansichten der Natur. Herausgegeben von A. Meier-Abich. Stuttgart 1969.

Küster, H., Italienische Gärten. In: H. Sarkowicz (Hrsg.), Die Geschichte der Gärten und Parks. Frankfurt am Main und Leipzig 1998, 134–151.

Mader, G., und L. Neubert-Mader, Italienische Gärten. Stuttgart 1989.

Petrarca, F., Die Besteigung des Mont Ventoux. Aus dem Lateinischen übersetzt von H. Nachod und P. Stern. Nachwort von H. Nalewski. Frankfurt am Main und Leipzig 1996.

Ritter, J., Landschaft. Zur Funktion des Ästhetischen in der modernen Gesellschaft. In: Ders., Subjektivität. Sechs Aufsätze. Frankfurt am Main 1989, 141–163.

Schmithüsen, J., Was ist eine Landschaft? Erdkundliches Wissen 9, 1964, 1–24.

Seel, M., Eine Ästhetik der Natur. Frankfurt am Main 1996.

Simmel, G., Philosophie der Landschaft. Die Güldenkammer 3(2), 1913, 635–644.

Sulzer, J. G., Landschaft (Zeichnende Künste). In: Allgemeine Theorie der Schönen Künste. Zweiter Theil. Leipzig 1774.

Vasari, G., Lebensläufe der berühmtesten Maler, Bildhauer und Architekten. Aus dem Italienischen von T. Fein unter Heranziehung der deutschen Ausgabe von L. Schorn und E. Förster. Zürich 1974.

2 Elemente der Natur

Küster, H., Das ist Ökologie. Die biologischen Grundlagen unserer Existenz. München 2005.

Tischler, W., Einführung in die Ökologie. 3. Auflage, Stuttgart, New York 1984.

3 Elemente der Kultur

Benecke, N., Der Mensch und seine Haustiere. Die Geschichte einer jahrtausendealten Beziehung. Stuttgart 1994.

Deevey, E. S. jr., The Human Population. Scientific American 203(3), 1960, 195–204.

Diamond, J., Arm und Reich. Die Schicksale menschlicher Gesellschaften. Aus dem Amerikanischen von V. Englich. Frankfurt am Main 1998.

Gebhardt, H., Bodenkundliche Untersuchung der eisenzeitlichen Ackerfluren von Flögeln-Haselhörn, Kr. Wesermünde. Probleme der Küstenforschung im südlichen Nordseegebiet 11, 1976, 91–100.

Gebhardt, H., Phosphatkartierung und bodenkundliche Geländeuntersuchungen zur Eingrenzung historischer Siedlungs- und Wirtschaftsflächen der Geestinsel Flögeln, Kr. Cuxhaven. Probleme der Küstenforschung im südlichen Nordseegebiet 14, 1982, 1–9.

Geiger, R., Das Klima der bodennahen Luftschicht. Braunschweig 1942.

Goodie, A., Mensch und Umwelt. Eine Einführung. Aus dem Englischen übersetzt und bearbeitet von C. Niemitz. Darmstadt 1994.

Hvass, S., Ländliche Siedlungen der Kaiser- und Völkerwanderungszeit in Dänemark. Offa 39, 1982, 189–195.

Körber-Grohne, U., Nutzpflanzen in Deutschland. Kulturgeschichte und Biologie. Stuttgart 1987.

Kossack, G., Ländliches Siedlungswesen der Kaiser- und Völkerwanderungszeit in Dänemark. Offa 39, 1982, 271–279.

Kossack, G., Dörfer im nördlichen Germanien, vornehmlich aus der römischen Kaiserzeit. Lage, Ortsplan, Betriebsgefüge und Gemeinschaftsform. München 1997.

Küster, H., Auswirkungen von Klimaschwankungen und menschlicher Landschaftsnutzung auf die Arealverschiebung von Pflanzen und die Ausbildung mitteleuropäischer Wälder. Forstwissenschaftliches Centralblatt 115, 1996, 301–320.

Küster, H., The role of farming in the postglacial expansion of beech and hornbeam in the oak woodlands of central Europe. The Holocene 7(2), 239–242.

Küster, H., Auswirkungen prähistorischen Siedelns auf die Geschichte der Wälder. In: H. Küster, A. Lang und P. Schauer (Hrsg.), Archäologische Forschungen in urgeschichtlichen Siedlungslandschaften. Festschrift für Georg Kossack zum 75. Geburtstag. Regensburger Beiträge zur prähistorischen Archäologie 5, Regensburg 1998, 23–40.

Küster, H., Past landscape use as an ecological influence on the actual environment. In: H. Palang, H. Sooväli, M. Antrop und G. Setten (Hrsg.), European Rural Landscapes: Persistence and Change in a Globalising Environment. Dordrecht, Boston, London 2004, 445–454.

Küster, H., und W. Volz, Natur wird Landschaft: Niedersachsen. Springe 2005.

Landes, D., Wohlstand und Armut der Nationen. Warum die einen reich und die anderen arm sind. Aus dem Amerikanischen von U. Enderwitz, M. Noll und R. Schubert. Darmstadt 1999.

Lüning, J., Siedlung und Kulturlandschaft der Steinzeit. Siedlungen der Steinzeit. Spektrum der Wissenschaft 1989, 7–11.

Markgraf, V., Palaeohistory of the spruce in Switzerland. Nature 228, 1970, 249–251.

Moe, D., The post-glacial immigration of Picea abies into Fennoscandia. Botaniska Notiser 123, 1970, 61–66.

Ralska-Jasiewicz, M., Correlation between the Holocene history of the Carpinus betulus and prehistoric settlement in North Poland. Acta Societatis Botanicorum Poloniae 33(2), 1964, 461–468.

Vuorela, I., und M. Aalto, Palaeobotanical investigations at a Neolithic dwelling site in southern Finland, with special reference to Trapa natans. Annales Botanici Fennici 19, 1982, 81–92.

Waterbolk, H.T., Mobilität von Dorf, Ackerflur und Gräberfeld in Drenthe seit der Latènezeit. Offa 39, 1982, 97–137.

LITERATUR

Zohary, D., und M. Hopf, Domestication of plants in the old world. Oxford 1988.

4 Die Wildnis und die Zivilisation

Beschoren, B., Zur Geschichte des Havellandes und der Havel während des Alluviums. Jahrbuch der Preußischen Geologischen Landesanstalt 55, 1935, 305–311.

Braudel, F., Das Mittelmeer und die mediterrane Welt in der Epoche Philipps II. Übersetzt von G. Osterwald. Frankfurt am Main 1990.

Haversath, J.-B., Die Agrarlandschaft im römischen Deutschland der Kaiserzeit (1.–4. Jh. n. Chr.). Passau 1984.

Helbaek, H., Ecological effects of irrigation in ancient Mesopotamia. Iraq 22, 1960, 186–196.

Herzog, R., Staaten der Frühzeit. Ursprünge und Herrschaftsformen. 2. Auflage, München 1998.

Hoppe, A., Die Bewässerungswiesen Nordwestdeutschlands – Geschichte, Wandel und heutige Situation. Abhandlungen aus dem Westfälischen Museum für Naturkunde 64(1), Münster 2002.

Janssen, W., Königshagen. Ein archäologisch-historischer Beitrag zur Siedlungsgeschichte des südwestlichen Harzvorlandes. Quellen und Darstellungen zur Geschichte Niedersachsens 64, Hildesheim 1965.

Kislev, M. E., Pinus pinea in agriculture, culture and cult. In: H. Küster (Hrsg.), Der prähistorische Mensch und seine Umwelt. Festschrift für Udelgard Körber-Grohne zum 65. Geburtstag. Forschungen und Berichte zur Vor- und Frühgeschichte in Baden-Württemberg 31, Stuttgart 1988, 73–79.

Küster, H., Technik und Gesellschaft in frühen Kulturen der Menschheit. In: H. Albrecht und C. Schönbeck (Hrsg.), Technik und Gesellschaft. Düsseldorf 1993, 35–54.

Küster, H., Die historische Entwicklung von Vegetation in der Stadtlandschaft. In: Institut für Grünplanung und Gartenarchitektur der Universität Hannover (Hrsg.), Stadtlandschaft. Beiträge zur räumlichen Planung 50, Hannover 1999, 179–192.

Küster, H., Kleine Kulturgeschichte der Gewürze. Ein Lexikon von Anis bis Zimt. 3. Auflage, München 2003.

Küster, H., Die Ostsee. Eine Natur- und Kulturgeschichte. 2. Auflage, München 2004.

Küster, H., und W. Volz, Natur wird Landschaft: Niedersachsen. Springe 2005.

Landes, D., Wohlstand und Armut der Nationen. Warum die einen reich und die anderen arm sind. Aus dem Amerikanischen von U. Enderwitz, M. Noll und R. Schubert. Darmstadt 1999.

Mitterauer, M., Warum Europa? Mittelalterliche Grundlagen eines Sonderwegs. München 2003.

Pott, R., und J. Hüppe, Die Hudelandschaften Nordwestdeutschlands. Abhandlungen aus dem Westfälischen Museum für Naturkunde 53(1/2), Münster 1991.

Radkau, J., Natur und Macht. Eine Weltgeschichte der Umwelt. München 2000.

Wittfogel, K.A., Oriental despotism: a comparative study of total power. New Haven 1957.

Zohary, D., und M. Hopf, Domestication of plants in the old world. Oxford 1988.

5 Landschaft als Metapher

Berghaus, H., Physikalischer Atlas oder Sammlung von Karten, auf denen die hauptsächlichsten Erscheinungen der anorganischen und organischen Natur nach ihrer geographischen Verbreitung und Vertheilung bildlich dargestellt sind. Zu Alexander von Humboldt, Kosmos. Entwurf einer physischen Weltbeschreibung. Gotha 1845, Neudruck Frankfurt am Main 2004.

Burke, E., Vom Erhabenen und Schönen. Übersetzt von F. Bassenge. Berlin 1956.

Harrison, R.P., Wälder. Ursprung und Spiegel der Kultur. Aus dem Amerikanischen von M. Pfeiffer. München und Wien 1992.

Humboldt, A. von, Kosmos. Entwurf einer physischen Weltbeschreibung. Stuttgart und Tübingen 1845, Neudruck Frankfurt am Main 2004.

Klausmeier, A., Der gebaute Traum vom harmonischen Leben in der Natur – Die Schweizerhäuser in den preußischen Gärten. In: Stiftung Preußische Schlösser und Gärten Berlin-Brandenburg (SPSG) in Zusammenarbeit mit ICOMOS-IFLA zur Internationalen Fachtagung vom 4.–6. Oktober 2007 in Potsdam-Sanssouci (Hrsg.), Preußische Gärten in Europa. 300 Jahre Gartengeschichte. Leipzig 2007, 60–65.

Klemm, H., Die Entdeckung der Sächsischen Schweiz. Dresden 1956.

Küster, H., Italienische Gärten. In: H. Sarkowicz (Hrsg.), Die Geschichte der Gärten und Parks. Frankfurt am Main und Leipzig 1998, 134–151.

Küster, H., Albrecht von Haller: Höhenstufen der Alpen. In: Ein solches Jahrhundert vergisst sich nicht mehr. Lieblingstexte aus dem 18. Jahrhundert. Für Ernst-Peter Wieckenberg. München 2000, 415–419.

Küster, H., und U. Küster (Hrsg.), Garten und Wildnis. Landschaft im 18. Jahrhundert. München 1997.

Linde, R., Die Niederelbe. 3. Auflage, Bielefeld, Leipzig, Berlin 1909.

Meyer-Tasch, P. C., Der Garten Eden. In: H. Sarkowicz (Hrsg.), Die Geschichte der Gärten und Parks. Frankfurt am Main und Leipzig 1998, 11–24.

Roethlisberger, M., Im Licht von Claude Lorrain. Landschaftsmalerei aus drei Jahrhunderten. München 1983.

Thoreau, H. D., Walden oder Hüttenleben im Walde. Aus dem Amerikanischen übersetzt von F. Güttinger. Zürich 1972.

Wagenitz, G., und R. Eck, Hallers botanische Harzreise. In: C. Brombacher, S. Jacomet und J. N. Haas (Hrsg.), Festschrift Zoller. Dissertationes Botanicae 196, Berlin, Stuttgart 1993, 27–40.

Wagenitz, G., unter Mitarbeit von T. Kaiser, Floristische Angaben Albrecht von Hallers aus Celle und Umgebung in der Mitte des 18. Jahrhunderts. Floristische Notizen aus der Lüneburger Heide 10, 2002, 10–16.

Wagner, M., Das Gletschererlebnis – Visuelle Naturaneignung im frühen Tourismus. In: G. Großklaus und E. Oldemeyer (Hrsg.), Natur als Gegenwelt. Beiträge zur Kulturgeschichte der Natur. Karlsruhe 1983, 235–263.

6 Die geschützte Natur

Brandes, W., «Wer dies Bild kommenden Geschlechtern erhielte, der täte ein großes gutes Werk». Die «Entdeckung» der Lüneburger Heide und die Gründung des Naturschutzparkes durch Anhänger der Heimatschutzbewegung. Niedersächsisches Jahrbuch für Landesgeschichte 78, 2006, 133–147.

De Luc, J. A., Physikalische und moralische Briefe über die Geschichte der Erde und des Menschen an Ihre Majestät die Königin von Großbritannien. Aus dem Französischen mit einiger Abkürzung übersetzt. Leipzig 1781/1782.

Eichberg, H., Stimmung über der Heide – Vom romantischen Blick zur Kolonisierung des Raumes. In: G. Großklaus und E. Oldemeyer (Hrsg.), Natur als Gegenwelt. Beiträge zur Kulturgeschichte der Natur. Karlsruhe 1983, 197–233.

Fehn, K., «Artgemäße deutsche Kulturlandschaft.» Das nationalsozialistische Projekt einer Neugestaltung Ostmitteleuropas. In: B. Busch (Hrsg.), Erde. Bonn 2002, 559–575.

Fischer, H., Hundert Jahre für den Naturschutz. Heimat und regionale Identität. Die Geschichte eines Programms. Bonn 2004.

Groß, J., Biologie verstehen: Wirkungen außerschulischer Lernangebote. Oldenburg 2007.

Guenther, K., Der Naturschutz. Freiburg i. Br. 1910.

Haber, W., Kulturlandschaften und die Paradigmen des Naturschutzes. Stadt und Grün 55(12), 2006, 20–25.

Kiendl, A., Reiseliteratur über die Lüneburger Heide – vom negativen Vorurteil zum Wegbereiter des Tourismus. In: H. Brockhoff, G. Wiese und R. Wiese (Hrsg.), Ja, grün ist die Heide ... Aspekte einer besonderen Landschaft. Ehestorf 1998, 157–178.

Klages, L., Mensch und Erde. München 1930.

Küster, H., Der Staat als Herr über die Natur und ihre Erforscher. In: J. Radkau und F. Uekötter (Hrsg.), Naturschutz und Nationalsozialismus. Frankfurt am Main 2003, 55–64.

Rudorff, E., Über das Verhältnis des modernen Lebens zur Natur. Preußische Jahrbücher 45, 1880, 261–276.

Rudorff, E., Heimatschutz. Erstdruck 1897. Neuausgabe: Herausgegeben vom Deutschen Heimatbund Bonn. St. Goar 1994.

7 Zukunft für Landschaft

Bruns, D., Die Europäische Landschaftskonvention. Bedarf es eines deutschen Sonderweges? Stadt und Grün 55(12), 2006, 14–19.

Cevasco, R., Alnocultura: a traditional farming system in the northern Apennines, Italy. In: K. Krzywinski, M. O'Connell und H. Küster (Hrsg.), Cultural landscapes of Europe. Fields of Demeter, haunts of Pan. Bremen 2008, 110–111.

Deutsche Landwirtschafts-Gesellschaft (Hrsg.), Landwirtschaft 2010. Welche Wege führen in die Zukunft? Frankfurt am Main 1999.

Haber, W., Kulturlandschaften und die Paradigmen des Naturschutzes. Stadt und Grün 55(12), 2006, 20–25.

Küster, H., Nachdenken über Identität der Landschaft: Eine Initiative aus den Niederlanden. Neues Archiv für Niedersachsen 1/2005, 53–60.

Priore, R., The Council of Europe's European Landscape Convention: A key-instrument for a democratic and balanced management of our everyday environment. In: Kommunalverband Großraum Hannover (Hrsg.), Kulturlandschaften in Europa – Regionale und Internationale Konzepte zu Bestanderfassung und Management. Hannover 2001, 125–130.

Raad voor het Landelijk Gebied (Hrsg.), Made in Holland. Advies over landelijke gebieden, verscheidenheid en identiteit. Amersfoort 1999.

Sieverts, T., Zwischenstadt – zwischen Ort und Welt, Raum und Zeit, Stadt und Land. 3. Auflage, Boston, Berlin 2001.

Sieverts, T., M. Koch, U. Stein und M. Steinbusch, Zwischenstadt – inzwischen Stadt? Entdecken, begreifen, verändern. Wuppertal 2005.

Spanier, H., Pathos der Nachhaltigkeit. Von der Schwierigkeit, «Nachhaltigkeit» zu kommunizieren. Stadt und Landschaft 55(12), 2006, 26–33.

Zu den Abbildungen

Umschlag: Louis Gauffier (1761–1801), Ansicht von Vallombrosa bei Florenz (Ausschnitt). Musée Marmottan, Paris.

Der Titel des Gemäldes verweist auf das Kloster mit seinen Gartenanlagen. Im Zentrum des Bildes aber dehnen sich Wälder und Hügel, eine grenzenlose Landschaft.

Kapitel 1: Raffaellino da Reggio (ca. 1550–1578), Fresco in der Loggia der Villa Lante della Rovere, Bagnaia.

Die Villa liegt inmitten eines umzäunten Gartens. Zur Landschaft gehört nicht nur der Garten, sondern auch die «Wildnis» jenseits der Mauer. Die Landschaft ist allenfalls durch den Horizont begrenzt.

Kapitel 2: Joseph Mallord William Turner (1775–1851), Ausbruch des Vesuvs (Ausschnitt). Yale Center for British Art, Paul Mellon Collection, USA.

Das ungeheuerliche und unerwartete Naturereignis verändert die Landschaft von einem Moment zum anderen von Grund auf.

Kapitel 3: Monatsbild Dezember im Castello del Buonconsiglio in Trient (15. Jahrhundert).

Die Stadtbewohner nutzen das Land in ihrer Umgebung intensiv. Das Bild zeigt etwas Bedrohliches: Im Wald wird der letzte Baum gefällt.

Kapitel 4: Unbekannter Künstler des 19. Jahrhunderts, Chinesisches Reisfeld. Privatbesitz.

Die Verteilung von Wasser setzte eine funktionierende Verwaltung voraus. Zivilisationen und künstliche Bewässerung entwickelten sich zur gleichen Zeit.

Kapitel 5: Caspar Wolf (1735–1783), Der Lauteraar-Gletscher (Ausschnitt). Kunstmuseum Basel.

Die erhabenen Berge der Schweizer Alpen betrachtet man mit Ehrfurcht. Wer die Gefahren des Gebirges kannte, bannte sie auch – oder hoffte, dazu in der Lage zu sein.

Kapitel 6: Valentin Ruths (1825–1905), Heide bei Wilsede (Ausschnitt). Hamburger Kunsthalle.

Die Lüneburger Heide war lange Zeit intensiv genutzt worden. Das kaum noch bewirtschaftete Ödland wurde als Natur verkannt – und zum Naturschutzgebiet.

Kapitel 7: Pieter Brueghel der Ältere (ca. 1525–1569), Heuernte (Ausschnitt). Palais Lobkowicz, Prager Burg.

In früherer Zeit nutzten viele Menschen gemeinsam das Land. Wie können sie heute Einfluss auf die Zukunft von Landschaft nehmen?

Sämtliche Abbildungen: The Bridgeman Art Library